Middelhavets Kulinariske Skattekiste
Smagsoplevelser fra Solens Lande

Anders Jørgensen

Indhold

Kylling fiesta salat 9

Majs og sorte bønnesalat 11

En god salat med pasta 12

Tun salat 14

Sydlig kartoffelsalat 15

Salat af syv lag 17

Grønkål, quinoa og avocado salat med Dijon citron vinaigrette 19

Kyllingesalat 21

Cobb salat 23

Broccolisalat 25

Jordbær og spinatsalat 27

Pæresalat med Roquefort ost 29

Mexicansk bønnesalat 31

Melonsalat 33

Appelsin og selleri salat 35

Brændt broccolisalat 36

Tomatsalat 38

Rødbeder feta salat 39

Blomkål og tomatsalat 40

Pilaf med flødeost 41

Ristet aubergine salat 43

Ristede grøntsager 44

Pistacie og rucola salat 46

Parmesan og byg risotto 47

Skaldyr og avocado salat 49

Middelhavs rejesalat 51

Kikærtepastasalat 52

Middelhavsstegning 54

Balsamico agurkesalat 56

Oksekød kefta frikadeller med agurkesalat 57

Kyllinge- og agurkesalat med persillepesto 59

Let rucola salat 61

Feta Garbanzo bønnesalat 62

Græske skåle med brune og vilde ris 63

Græsk salat til aftensmad 64

Helleflynder med citron- og fennikelsalat 66

Græsk kyllingesalat med krydderurter 68

Græsk couscous salat 70

Denver stegt omelet 72

Pølse pande 74

Grillede marinerede rejer 76

Pølse og æggegryde 78

Bagte omeletfirkanter 80

hårdkogt æg 82

Svampe med sojasovs glasur 83

æggekager 85

Dinosaur æg 87

Paleo pandekager med mandel og banan 91

Zucchini med æg 93

Amish ost morgenmad blanding 94

Salat med Roquefort ost 96

Ris med vermicelli 98

Fava bønner og ris 100

Fava bønner med smør 102

Freekeh 103

Stegte riskugler med tomatsauce 103

ris i spansk stil 106

Zucchini med ris og tzatziki 108

Cannellini bønner med rosmarin og hvidløg Aioli 110

Ris med juveler 111

Asparges risotto 113

Marokkansk Tagine med grøntsager 115

Kikærte og selleri salat wraps 117

Grillede grøntsagsspyd 118

Fyldte Portobello-svampe med tomater 120

Visne mælkebøttegrønt med søde løg 122

Grøn selleri og sennep 123

Grøntsags- og tofukrydderi 124

Simple Zoodles 126

Linser og tomat wraps 127

Vegetarisk middelhavsskål 129

Grillede grøntsager og hummus wrap 131

Spanske grønne bønner 133

Rustik blomkål og gulerods hash 134

Bagt blomkål og tomater 135

Bagt agern squash 137

Braiseret hvidløgsspinat 139

Zucchini stuvet i hvidløg og mynte 140

Stuvet okra ... 141

Søde peberfrugter fyldt med grøntsager ... 142

Aubergine moussaka ... 144

Drueblade fyldt med grøntsager ... 146

Grillede aubergineruller ... 148

Sprøde zucchini-fritter ... 150

Tærter med spinatost ... 152

Agurksandwich bider ... 154

Yoghurt sauce ... 155

Tomat bruschetta ... 156

Tomater fyldt med oliven og ost ... 158

Peber tapenade ... 159

Koriander falafel ... 160

Hummus med rød peber ... 162

Hvid bønnesauce ... 163

Hummus med hakket lam ... 164

Aubergine sauce ... 165

Fritter med grøntsager ... 166

Bulgur lammefrikadeller ... 168

Agurkebid ... 170

Fyldt avocado ... 171

Indpakkede blommer ... 172

Marineret feta og artiskokker ... 173

Tun kroketter ... 174

Røget laks Crudités ... 176

Oliven marineret med citrus ... 177

Oliventapenade med ansjoser ... 178

Græske djævleæg 180

Manchego kiks 182

Burrata Caprese stak 184

Zucchini og ricotta fritter med citron og hvidløg aioli 185

Agurker fyldt med laks 187

Gedeost og makrelpostej 188

Smagen af middelhavsfedtbomber 190

Avocado gazpacho 191

Krabbe salat kopper 193

Appelsin og estragon kyllingesalat 195

Svampe fyldt med feta og quinoa 197

Fem-ingrediens falafel med hvidløg og yoghurtsauce 199

Citronrejer med hvidløg og olivenolie 201

Sprøde pommes frites med citron og yoghurtsauce 203

Hjemmelavede Sea Salt Pie Chips 205

Bagt Spanakopita Dip 206

Bagt perleløgsauce 208

Rød peber tapenade 210

Græske kartoffelskind med oliven og feta 212

Artiskok og oliven fladbrødstærte 214

Mini krabbekager 216

Zucchini feta ruller 218

Kylling fiesta salat

Forberedelsestid: 20 minutter
Tid til at lave mad: 20 minutter
Portioner: 4
Sværhedsgrad: let

Ingredienser:

- 2 skind- og benfri kyllingefilethalvdele
- 1 pakke urter til fajitas, delt
- 1 spiseskefuld vegetabilsk olie
- 1 dåse sorte bønner, skyllet og drænet
- 1 æske majs i mexicansk stil
- 1/2 kop salsa
- 1 pakke grøn salat
- 1 løg, hakket
- 1 tomat i kvarte

Instruktioner:

Gnid kyllingen jævnt med 1/2 af fajitas-urterne. Opvarm olien i en gryde over middel varme og kog kyllingen i 8 minutter ved siden af hinanden, eller indtil saften er klar; lægge til side. Kombiner bønner, majs, salsa og anden 1/2 af fajita-krydderierne i en stor stegepande. Varm op ved middel varme, indtil den er lun. Tilbered salaten ved at blande grønne grøntsager, løg og tomater. Dæk kyllingesalaten og smag til med bønne- og majsblandingen.

Næringsværdi (pr. 100g): 311 kalorier 6,4 g fedt 42,2 g kulhydrater 23 g protein 853 mg natrium

Majs og sorte bønnesalat

Forberedelsestid: 10 minutter

Tid til at lave mad: 0 minutter

Portioner: 4

Sværhedsgrad: let

Ingredienser:

- 2 spiseskefulde vegetabilsk olie
- 1/4 kop balsamicoeddike
- 1/2 tsk salt
- 1/2 tsk hvidt sukker
- 1/2 tsk stødt spidskommen
- 1/2 tsk stødt sort peber
- 1/2 tsk chilipulver
- 3 spsk hakket frisk koriander
- 1 dåse sorte bønner (15 oz)
- 1 dåse (8,75 oz) sukkermajs drænet

Instruktioner:

Bland balsamicoeddike, olie, salt, sukker, sort peber, spidskommen og chilipulver i en lille skål. Kombiner sorte majs og bønner i en mellemstor skål. Vend med eddike og olie vinaigrette og pynt med koriander. Dæk til og stil på køl natten over.

Næringsværdi (pr. 100g): 214 kalorier 8,4 g fedt 28,6 g kulhydrater 7,5 g protein 415 mg natrium

En god salat med pasta

Forberedelsestid: 30 minutter

Tid til at lave mad: 10 minutter

Portioner: 16

Sværhedsgrad: gennemsnitlig

Ingredienser:

- 1 (16-oz) pakke fusilli pasta
- 3 kopper cherrytomater
- 1/2 pund provolone, skåret i tern
- 1/2 pund pølse i tern
- 1/4 pund pepperoni, skåret i halve
- 1 stor grøn peberfrugt
- 1 dåse sorte oliven, drænet
- 1 krukke chili, afdryppet
- 1 flaske (8 oz) italiensk vinaigrette

Instruktioner:

Kog letsaltet vand i en gryde. Rør pastaen i og kog i cirka 8 til 10 minutter eller indtil al dente. Dræn og skyl med koldt vand.

Vend pastaen med tomater, ost, salami, pepperoni, grøn peber, oliven og paprika i en stor skål. Hæld vinaigretten i og bland godt.

Næringsværdi (pr. 100g): 310 kalorier 17,7 g fedt 25,9 g kulhydrater 12,9 g protein 746 mg natrium

Tun salat

Forberedelsestid: 20 minutter
Tid til at lave mad: 0 minutter
Portioner: 4
Sværhedsgrad: let

Ingredienser:

- 1 (19 ounce) dåse garbanzobønner
- 2 skeer mayonnaise
- 2 tsk varm brun sennep
- 1 spiseskefuld sød pickle
- Tilsæt salt og peber efter smag
- 2 hakkede grønne løg

Instruktioner:

I en mellemstor skål blandes grønne bønner, mayonnaise, sennep, sauce, hakket spidskål, salt og peber. Bland godt.

Næringsværdi (pr. 100g): 220 kalorier 7,2 g fedt 32,7 g kulhydrater 7 g protein 478 mg natrium

Sydlig kartoffelsalat

Forberedelsestid: 15 minutter

Tid til at lave mad: 15 minutter

Portioner: 4

Sværhedsgrad: gennemsnitlig

Ingredienser:

- 4 kartofler
- 4 æg
- 1/2 stilk selleri, finthakket
- 1/4 kop sød smag
- Kværn 1 fed hvidløg
- 2 spiseskefulde sennep
- 1/2 kop mayonnaise
- salt og peber efter smag

Instruktioner:

Bring vandet i kog i en gryde, tilsæt derefter kartoflerne og kog indtil de er møre, men stadig faste, ca. 15 minutter; dræn og hak. Kom æggene over i gryden og dæk med koldt vand.

Kog vand; dæk til, fjern fra varmen og lad æggene trække i varmt vand i 10 minutter. Fjern derefter skrællen og hak den.

Kom kartofler, æg, selleri, sød sauce, hvidløg, sennep, mayonnaise, salt og peber i en stor skål. Rør rundt og server varmt.

Næringsværdi (pr. 100g): 460 kalorier 27,4 g fedt 44,6 g kulhydrater 11,3 g protein 214 mg natrium

Salat af syv lag

Forberedelsestid: 15 minutter
Tid til at lave mad: 5 minutter
Portioner: 10
Sværhedsgrad: gennemsnitlig

Ingredienser:

- 1 kilo bacon
- 1 hoved icebergsalat
- 1 rødløg, hakket
- 1 pakke med 10 frosne ærter, optøet
- 10 oz revet cheddarost
- 1 kop hakket blomkål
- 1 1/4 dl mayonnaise
- 2 spsk hvidt sukker
- 2/3 kop revet parmesanost

Instruktioner:

Læg baconen i en stor, lav gryde. Kog ved medium varme indtil glat. Smuldr og sæt til side. Læg den hakkede salat i en stor skål og dæk med et lag løg, ærter, revet ost, blomkål og bacon.

Tilbered vinaigrette ved at blande mayonnaise, sukker og parmesanost. Hæld salaten over og stil den på køl.

Næringsværdi (pr. 100g): 387 kalorier 32,7 g fedt 9,9 g kulhydrater 14,5 g protein 609 mg natrium

Grønkål, quinoa og avocado salat med Dijon citron vinaigrette

Forberedelsestid: 5 minutter
Tid til at lave mad: 25 minutter
Portioner: 4
Sværhedsgrad: Hårdt

Ingredienser:

- 2/3 kop quinoa
- 1 1/3 dl vand
- 1 bundt grønkål, skåret i mundrette stykker
- 1/2 avocado - skrællet, skåret i tern og udstenet
- 1/2 kop hakket agurk
- 1/3 kop hakket rød peber
- 2 spsk hakket rødløg
- 1 spsk smuldret fetaost

Instruktioner:

Kog quinoaen og 1 1/3 dl vand i en gryde. Juster temperaturen og kog indtil quinoaen er blød og vandet er absorberet, cirka 15 til 20 minutter. Lad det stå til side til afkøling.

Læg kålen i en dampkurv over mere end en tomme kogende vand i gryden. Dæk panden og damp, indtil den er opvarmet, ca. 45 sekunder; overfør til en stor tallerken. Pynt med kål, quinoa, avocado, agurk, peberfrugt, rødløg og fetaost.

Bland olivenolie, citronsaft, dijonsennep, havsalt og sort peber i en skål, indtil olien emulgerer i dressingen; hældes over salaten.

Næringsværdi (pr. 100g): 342 kalorier 20,3 g fedt 35,4 g kulhydrater 8,9 g protein 705 mg natrium

Kyllingesalat

Forberedelsestid: 20 minutter

Tid til at lave mad: 0 minutter

Portioner: 9

Sværhedsgrad: let

Ingredienser:

- 1/2 kop mayonnaise
- 1/2 tsk salt
- 3/4 teskefuld fjerkrækrydderi
- 1 spiseskefuld citronsaft
- 3 kopper kogt kyllingebryst, skåret i tern
- 1/4 tsk stødt sort peber
- 1/4 tsk hvidløgspulver
- 1/4 tsk løgpulver
- 1/2 kop finthakket selleri
- 1 (8 oz) æske vandkastanjer, drænet og hakket
- 1/2 kop hakket forårsløg
- 1 1/2 kopper grønne druer skåret i halve
- 1 1/2 kopper schweizerost i tern

Instruktioner:

Kombiner mayonnaise, salt, kyllingekrydderi, løgpulver, hvidløgspulver, peber og citronsaft i en mellemstor skål. Kombiner kylling, selleri, grønne løg, vandkastanjer, schweizerost og rosiner i en stor skål. Rør mayonnaiseblandingen i og fordel. Afkøl indtil servering.

Næringsværdi (pr. 100g): 293 kalorier 19,5 g fedt 10,3 g kulhydrater 19,4 g protein 454 mg natrium

Cobb salat

Forberedelsestid: 5 minutter
Tid til at lave mad: 15 minutter
Portioner: 6
Sværhedsgrad: Hårdt

Ingredienser:

- 6 skiver bacon
- 3 æg
- 1 kop icebergsalat, strimlet
- 3 kopper kogt kværnet kylling
- 2 tomater, udsået og hakket
- 3/4 kop blåskimmelost, smuldret
- 1 avocado – skrællet, udstenet og skåret i tern
- 3 grønne løg, hakket
- 1 flaske (8 oz.) Ranch Vinaigrette

Instruktioner:

Kom æggene i en gryde og læg dem helt i blød i koldt vand. Kog vand. Dæk til og fjern fra varmen og lad æggene sidde i det varme vand i 10 til 12 minutter. Fjern fra varmt vand, lad afkøle, skræl og hak. Læg baconen i en stor dyb pande. Kog ved medium varme indtil glat. Sæt til side.

Fordel den revne salat på separate tallerkener. Anret kylling, æg, tomater, blåskimmelost, bacon, avocado og forårsløg på den grønne salat. Drys med din yndlingsvinaigrette og nyd.

Næringsværdi (pr. 100g): 525 kalorier 39,9 g fedt 10,2 g kulhydrater 31,7 g protein 701 mg natrium

Broccolisalat

Forberedelsestid: 10 minutter
Tid til at lave mad: 15 minutter
Portioner: 6
Sværhedsgrad: gennemsnitlig

Ingredienser:

- 10 skiver bacon
- 1 kop frisk broccoli
- ¼ kop rødløg, hakket
- ½ kop rosiner
- 3 spsk hvidvinseddike
- 2 spsk hvidt sukker
- 1 kop mayonnaise
- 1 kop solsikkekerner

Instruktioner:

Steg baconen i en dyb pande ved middel varme. Dræn, smuldr og stil til side. Kombiner broccoli, løg og rosiner i en mellemstor skål. Bland eddike, sukker og mayonnaise i en lille skål. Hæld broccoliblandingen over og rør rundt. Afkøl i mindst to timer.

Inden servering blandes salaten med smuldret bacon og solsikkekerner.

Næringsværdi (pr. 100g): 559 kalorier 48,1 g fedt 31 g kulhydrater 18 g protein 584 mg natrium

Jordbær og spinatsalat

Forberedelsestid: 10 minutter
Tid til at lave mad: 0 minutter
Portioner: 4
Sværhedsgrad: let

Ingredienser:

- 2 spsk sesamfrø
- 1 spsk valmuefrø
- 1/2 kop hvidt sukker
- 1/2 kop olivenolie
- 1/4 kop destilleret hvid eddike
- 1/4 tsk paprika
- 1/4 tsk Worcestershire sauce
- 1 spsk hakket løg
- 10 ounce frisk spinat
- 1 liter jordbær - renset, skrællet og skåret i skiver
- 1/4 kop mandler, blancheret og hakket

Instruktioner:

I en mellemstor skål kombineres de samme frø, valmuefrø, sukker, olivenolie, eddike, paprika, Worcestershiresauce og løg. Dæk til og afkøl i en time.

Bland spinat, jordbær og mandler i en stor skål. Hæld dressingen over salaten og bland. Afkøl i 10 til 15 minutter før servering.

Næringsværdi (pr. 100g): 491 kalorier 35,2 g fedt 42,9 g kulhydrater 6 g protein 691 mg natrium

Pæresalat med Roquefort ost

Forberedelsestid: 20 minutter
Tid til at lave mad: 10 minutter
Portioner: 2
Sværhedsgrad: gennemsnitlig

Ingredienser:

- 1 salatblad, skåret i mundrette stykker
- 3 pærer - skrællede, udstenede og skåret i tern
- 5 ounce Roquefort, smuldret
- 1 avocado – skrællet, udsået og skåret i tern
- 1/2 kop hakket forårsløg
- 1/4 kop hvidt sukker
- 1/2 kop pekannødder
- 1/3 kop olivenolie
- 3 spsk rødvinseddike
- 1 1/2 tsk hvidt sukker
- 1 1/2 tsk tilberedt sennep
- 1/2 tsk salt sort peber
- 1 fed hvidløg

Instruktioner:

I en stegepande over medium varme kombineres 1/4 kop sukker med pekannødder. Fortsæt med at røre forsigtigt, indtil sukkeret karamelliserer med pekannødderne. Overfør forsigtigt valnødderne til det voksede papir. Lad det køle af og brække det i stykker.

Bland vinaigretteolie, marinade, 1 1/2 tsk sukker, sennep, hakket hvidløg, salt og peber.

Bland salat, pærer, blåskimmelost, avocado og forårsløg i en dyb skål. Hæld vinaigretten over salaten, drys med pekannødder og server.

Næringsværdi (pr. 100g): 426 kalorier 31,6 g fedt 33,1 g kulhydrater 8 g protein 481 mg natrium

Mexicansk bønnesalat

Forberedelsestid: 15 minutter

Tid til at lave mad: 0 minutter

Portioner: 6

Sværhedsgrad: let

Ingredienser:

- 1 dåse (15 oz) sorte bønner, drænet
- 1 dåse (15 oz) røde kidneybønner, drænet
- 1 dåse (15 oz) hvide bønner, drænet
- 1 grøn peber, stødt
- 1 rød peberfrugt, stødt
- 1 pakke frosne majskerner
- 1 rødløg, hakket
- 2 spsk frisk limesaft
- 1/2 kop olivenolie
- 1/2 kop rødvinseddike
- 1 spiseskefuld citronsaft
- 1 spsk salt
- 2 spsk hvidt sukker
- 1 fed presset hvidløg
- 1/4 kop hakket koriander
- 1/2 spsk stødt spidskommen
- 1/2 skefuld kværnet sort peber
- 1 skvæt varm pebersauce

- 1/2 tsk chilipulver

Instruktioner:

Kombiner bønner, peberfrugt, frosne majs og rødløg i en stor skål. Bland olivenolie, limesaft, rødvinseddike, citronsaft, sukker, salt, hvidløg, koriander, spidskommen og sort peber i en lille skål - smag til med hot sauce og chilipulver.

Hæld vinaigrette med olivenolie over grøntsagerne; bland godt. Afkøl godt og server koldt.

Næringsværdi (pr. 100g): 334 kalorier 14,8 g fedt 41,7 g kulhydrater 11,2 g protein 581 mg natrium

Melonsalat

Forberedelsestid: 20 minutter

Tid til at lave mad: 0 minutter

Portioner: 6

Sværhedsgrad: gennemsnitlig

Ingredienser:

- ¼ teskefuld havsalt
- ¼ teskefuld sort peber
- 1 spsk balsamicoeddike
- 1 cantaloupe, delt i kvarte og frøet
- 12 vandmeloner, små og uden kerner
- 2 kopper mozzarellakugler, friske
- 1/3 kop basilikum, frisk og revet
- 2 skeer. olivenolie

Instruktioner:

Skrab cantaloupekuglerne og læg dem i et dørslag over en serveringsskål. Brug din melonballer til også at skære vandmelonen, og læg dem derefter sammen med melonen.

Lad frugten dryppe af i ti minutter, og stil derefter saften på køl til en anden opskrift. Det kan endda tilføjes til smoothies. Tør skålen af og kom frugten heri.

Tilsæt basilikum, olie, eddike, mozzarella og tomater, inden du smager til med salt og peber. Bland forsigtigt og server straks eller afkølet.

Næringsværdi (pr. 100g): 218 kalorier 13 g fedt 9 g kulhydrater 10 g protein 581 mg natrium

Appelsin og selleri salat

Forberedelsestid: 15 minutter

Tid til at lave mad: 0 minutter

Portioner: 6

Sværhedsgrad: let

Ingredienser:

- 1 spsk frisk citronsaft
- ¼ tsk havsalt, fint
- ¼ teskefuld sort peber
- 1 spsk olivenlage
- 1 spsk olivenolie
- ¼ kop rødløg, skåret i skiver
- ½ kop grønne oliven
- 2 appelsiner, skrællet og skåret i skiver
- 3 selleristængler, skåret diagonalt i ½-tommers skiver

Instruktioner:

Læg dine appelsiner, oliven, løg og selleri i en lav skål. Bland i en anden skål olie, olivenlage og citronsaft, hæld det over salaten. Smag til med salt og peber inden servering.

Næringsværdi (pr. 100g): 65 kalorier 7 g fedt 9 g kulhydrater 2 g protein 614 mg natrium

Brændt broccolisalat

Forberedelsestid: 20 minutter
Tid til at lave mad: 10 minutter
Portioner: 4
Sværhedsgrad: Hårdt

Ingredienser:

- 1 lb. broccoli, skåret i buketter og stilke trimmet
- 3 spsk olivenolie, delt
- 1 pint cherrytomater
- 1 ½ tsk honning, rå og delt
- 3 kopper brødterninger, fuldkorn
- 1 spsk balsamicoeddike
- ½ tsk sort peber
- ¼ tsk havsalt, fint
- revet parmesan til servering

Instruktioner:

Forvarm ovnen til 450 grader, og tag derefter en bageplade ud. Sæt i ovnen for at varme op. Dryp broccolien med en skefuld olie og bland det.

Tag bagepladen ud af ovnen og fordel broccolien på den med en ske. Lad olien blive i bunden af skålen, tilsæt tomaterne, rør rundt, og bland derefter tomaterne med en skefuld honning. Hæld dem på samme bageplade som broccolien.

Bages i femten minutter, og rør rundt halvvejs i tilberedningstiden. Tilsæt dit brød og bag i yderligere tre minutter. Pisk to spiseskefulde olie, eddike og den resterende honning sammen. Tilsæt salt og peber. Hæld dette over broccoliblandingen til servering.

Næringsværdi (pr. 100g): 226 kalorier 12 g fedt 26 g kulhydrater 7 g protein 581 mg natrium

Tomatsalat

Forberedelsestid: 20 minutter

Tid til at lave mad: 0 minutter

Portioner: 4

Sværhedsgrad: let

Ingredienser:

- 1 agurk, skåret i skiver
- ¼ kop soltørrede tomater, hakkede
- 1 lb. tomater i tern
- ½ kop sorte oliven
- 1 rødløg, skåret i skiver
- 1 spsk balsamicoeddike
- ¼ kop persille, frisk og hakket
- 2 spsk olivenolie
- havsalt og sort peber efter smag

Instruktioner:

Tag skålen ud og bland alle grøntsagerne. Til dressingen blandes alle krydderierne, olivenolie og eddike. Hæld salaten over og server frisk.

Næringsværdi (pr. 100g): 126 kalorier 9,2 g fedt 11,5 g kulhydrater 2,1 g protein 681 mg natrium

Rødbeder feta salat

Forberedelsestid: 15 minutter

Tid til at lave mad: 0 minutter

Portioner: 4

Sværhedsgrad: let

Ingredienser:

- 6 rødbeder, kogt og skrællet
- 3 ounces fetaost, i tern
- 2 spsk olivenolie
- 2 spsk balsamicoeddike

Instruktioner:

Kombiner alt, og server derefter.

Næringsværdi (pr. 100g): 230 kalorier 12 g fedt 26,3 g kulhydrater 7,3 g protein 614 mg natrium

Blomkål og tomatsalat

Forberedelsestid: 15 minutter

Tid til at lave mad: 0 minutter

Portioner: 4

Sværhedsgrad: let

Ingredienser:

- 1 blomkålshoved, hakket
- 2 spsk persille, frisk og hakket
- 2 kopper cherrytomater, halveret
- 2 spsk frisk citronsaft
- 2 spsk pinjekerner
- havsalt og sort peber efter smag

Instruktioner:

Bland citronsaft, cherrytomater, blomkål og persille og smag til. Drys med pinjekerner og bland godt inden servering.

Næringsværdi (pr. 100g): 64 kalorier 3,3 g fedt 7,9 g kulhydrater 2,8 g protein 614 mg natrium

Pilaf med flødeost

Forberedelsestid: 20 minutter
Tid til at lave mad: 10 minutter
Portioner: 6
Sværhedsgrad: gennemsnitlig

Ingredienser:

- 2 kopper langkornet gule ris, kogte
- 1 kop løg
- 4 grønne løg
- 3 spiseskefulde smør
- 3 spiseskefulde grøntsagsbouillon
- 2 teskefulde cayennepeber
- 1 tsk paprika
- ½ tsk nelliker, malet
- 2 spsk mynteblade, friske og hakkede
- 1 bundt friske mynteblade til pynt
- 1 spsk olivenolie
- havsalt og sort peber efter smag
- Flødeost:
- 3 spiseskefulde olivenolie
- havsalt og sort peber efter smag
- 9 ounces flødeost

Instruktioner:

Forvarm ovnen til 360 grader, og fjern derefter gryden. Varm smør og olivenolie sammen og steg løg og forårsløg i to minutter.

Tilsæt salt, peber, paprika, nelliker, grøntsagsbouillon, ris og de resterende krydderier. Lad det simre i tre minutter. Pak med folie og bag i yderligere en halv time. Lad afkøle.

Bland flødeost, ost, olivenolie, salt og peber. Server pilafen pyntet med friske mynteblade.

Næringsværdi (pr. 100g): 364 kalorier 30 g fedt 20 g kulhydrater 5 g protein 511 mg natrium

Ristet aubergine salat

Forberedelsestid: 10 minutter
Tid til at lave mad: 20 minutter
Portioner: 6
Sværhedsgrad: let

Ingredienser:

- 1 rødløg, skåret i skiver
- 2 spsk persille, frisk og hakket
- 1 tsk timian
- 2 kopper cherrytomater, halveret
- havsalt og sort peber efter smag
- 1 tsk oregano
- 3 spiseskefulde olivenolie
- 1 tsk basilikum
- 3 auberginer, skrællet og skåret i tern

Instruktioner:

Start med at forvarme ovnen til 350. Krydr din aubergine med basilikum, salt, peber, oregano, timian og olivenolie. Anret i en gryde og bag i en halv time. Bland med de resterende ingredienser inden servering.

Næringsværdi (pr. 100g): 148 kalorier 7,7 g fedt 20,5 g kulhydrater 3,5 g protein 660 mg natrium

Ristede grøntsager

Forberedelsestid: 5 minutter

Tid til at lave mad: 15 minutter

Portioner: 12

Sværhedsgrad: let

Ingredienser:

- 6 fed hvidløg
- 6 spiseskefulde olivenolie
- 1 fennikelløg, skåret i tern
- 1 zucchini i tern
- 2 røde peberfrugter i tern
- 6 kartofler, store og i tern
- 2 teskefulde havsalt
- ½ kop balsamicoeddike
- ¼ kop rosmarin, hakket og frisk
- 2 teskefulde grøntsagssuppepulver

Instruktioner:

Start med at forvarme ovnen til 400. Læg kartofler, fennikel, zucchini, hvidløg og fennikel på en bageplade, og dryp med olivenolie. Drys med salt, bouillonpulver og rosmarin. Bland godt og bag derefter ved 450 grader i tredive til fyrre minutter. Rør eddiken i grøntsagerne inden servering.

Næringsværdi (pr. 100g): 675 kalorier 21 g fedt 112 g kulhydrater 13 g protein 718 mg natrium

Pistacie og rucola salat

Forberedelsestid: 20 minutter

Tid til at lave mad: 0 minutter

Portioner: 6

Sværhedsgrad: let

Ingredienser:

- 6 kopper hakket grønkål
- ¼ kop olivenolie
- 2 spsk frisk citronsaft
- ½ tsk røget paprika
- 2 kopper rucola
- 1/3 kop pistacienødder, usaltede og afskallede
- 6 spsk parmesanost, revet

Instruktioner:

Tag en salatskål frem og bland olie, citron, røget paprika og grønkål. Masser forsigtigt bladene i et halvt minut. Grønkålen skal være godt belagt. Bland forsigtigt rucola og pistacienødder i, når du er klar til servering.

Næringsværdi (pr. 100g): 150 kalorier 12 g fedt 8 g kulhydrater 5 g protein 637 mg natrium

Parmesan og byg risotto

Forberedelsestid: 10 minutter
Tid til at lave mad: 20 minutter
Portioner: 6
Sværhedsgrad: Hårdt

Ingredienser:

- 1 kop gult løg, hakket
- 1 spsk olivenolie
- 4 kopper grøntsagsbouillon med lavt natriumindhold
- 2 kopper perlebyg, ukogt
- ½ kop tør hvidvin
- 1 kop parmesanost, revet fint og delt
- havsalt og sort peber efter smag
- frisk purløg, hakket til servering
- citronskiver til servering

Instruktioner:

Kom din suppe i gryden og lad den koge let ved middel varme. Fjern bouillongryden og stil den også på medium varme. Varm olien op inden du tilsætter løget. Kog i otte minutter og rør af og til. Tilsæt byggen og kog i yderligere to minutter. Rør byggen i, kog til den er ristet.

Hæld vinen i, kog i endnu et minut. Det meste af væsken skulle være fordampet, før den tilsættes til koppen med varm suppe. Kog og rør i to minutter. Din væske skal absorberes. Tilsæt den resterende bouillon en kop ad gangen og kog indtil hver kop er absorberet. Det bør tage omkring to minutter hver gang.

Fjern fra varmen, tilsæt en halv kop ost og drys med den resterende ost, purløg og citronbåde.

Næringsværdi (pr. 100g): 345 kalorier 7 g fedt 56 g kulhydrater 14 g protein 912 mg natrium

Skaldyr og avocado salat

Forberedelsestid: 10 minutter
Tid til at lave mad: 0 minutter
Portioner: 4
Sværhedsgrad: let

Ingredienser:

- 2 lbs. laks, kogt og hakket
- 2 lbs. rejer, kogt og hakket
- 1 kop avocado, hakket
- 1 kop mayonnaise
- 4 spsk frisk limesaft
- 2 fed hvidløg
- 1 kop creme fraiche
- havsalt og sort peber efter smag
- ½ rødløg, hakket
- 1 kop hakket agurk

Instruktioner:

Start med at tage en skål frem og bland hvidløg, salt, peber, løg, mayonnaise, creme fraiche og limesaft,

Tag en anden skål frem og bland laks, rejer, agurker og avocado.

Tilsæt mayonnaiseblandingen til dine rejer, og stil dem derefter på køl i tyve minutter før servering.

Næringsværdi (pr. 100g): 394 kalorier 30 g fedt 3 g kulhydrater 27 g protein 815 mg natrium

Middelhavs rejesalat

Forberedelsestid: 40 minutter

Tid til at lave mad: 0 minutter

Portioner: 6

Sværhedsgrad: let

Ingredienser:

- 1 ½ lbs. rejer, renset og kogt
- 2 selleristængler, friske
- 1 løg
- 2 grønne løg
- 4 æg, kogt
- 3 kartofler, kogte
- 3 skeer mayonnaise
- havsalt og sort peber efter smag

Instruktioner:

Start med at skære kartoflerne og hak sellerien. Skær æggene i skiver og krydr. Bland alt sammen. Læg rejerne over æggene, og server derefter med løg og spidskål.

Næringsværdi (pr. 100g): 207 kalorier 6 g fedt 15 g kulhydrater 17 g protein 664 mg natrium

Kikærtepastasalat

Forberedelsestid: 10 minutter
Tid til at lave mad: 15 minutter
Portioner: 6
Sværhedsgrad: gennemsnitlig

Ingredienser:

- 2 spsk olivenolie
- 16 ounce rotella pasta
- ½ kop tørrede oliven, hakket
- 2 spsk oregano, frisk og hakket
- 2 spsk persille, frisk og hakket
- 1 bundt forårsløg, hakket
- ¼ kop rødvinseddike
- 15 ounce dåse garbanzo bønner, drænet og skyllet
- ½ kop parmesanost, revet
- havsalt og sort peber efter smag

Instruktioner:

Kog vandet op og kom pastaen al dente og følg anvisningen på pakken. Dræn det og skyl med koldt vand.

Fjern gryden og varm olivenolien op ved middel varme. Tilsæt forårsløg, kikærter, persille, oregano og oliven. Reducer varmen og lad det simre i yderligere tyve minutter. Lad denne blanding køle af.

Bland kikærteblandingen med pastaen og tilsæt revet ost, salt, peber og eddike. Lad den køle af i fire timer eller natten over før servering.

Næringsværdi (pr. 100g): 424 kalorier 10 g fedt 69 g kulhydrater 16 g protein 714 mg natrium

Middelhavsstegning

Forberedelsestid: 10 minutter
Tid til at lave mad: 30 minutter
Portioner: 4
Sværhedsgrad: gennemsnitlig

Ingredienser:

- 2 zucchini
- 1 løg
- ¼ teskefuld havsalt
- 2 fed hvidløg
- 3 tsk olivenolie, delt
- 1 lb kyllingebryst, udbenet
- 1 kop hurtigkogt byg
- 2 kopper vand
- ¼ teskefuld sort peber
- 1 tsk oregano
- ¼ tsk rød peberflager
- ½ tsk basilikum
- 2 blommetomater
- ½ kop udstenede græske oliven
- 1 spsk frisk persille

Instruktioner:

Start med at fjerne skindet fra kyllingen, og hak den derefter i mindre stykker. Hak hvidløg og persille, og hak derefter oliven, zucchini, tomater og løg. Fjern gryden og kog vandet op. Rør byggen i og lad det koge langsomt i otte til ti minutter.

Sluk for varmen. Lad det stå i fem minutter. Fjern gryden og tilsæt to teskefulde olivenolie. Steg kyllingen, når den er opvarmet, og tag den derefter af varmen. Svits løget i den resterende olie. Rør de resterende ingredienser i og kog i yderligere tre til fem minutter. Serveres varm.

Næringsværdi (pr. 100g): 337 kalorier 8,6 g fedt 32,3 g kulhydrater 31,7 g protein 517 mg natrium

Balsamico agurkesalat

Forberedelsestid: 15 minutter

Tid til at lave mad: 0 minutter

Portioner: 4

Sværhedsgrad: let

Ingredienser:

- Skær 2/3 af en stor engelsk agurk i halve og skær i skiver
- Skær 2/3 af det mellemstore rødløgshoved i halve og skær i tynde skiver
- 5 1/2 spsk balsamico vinaigrette
- 1 1/3 dl vindruetomater, halveret
- 1/2 kop smuldret fedtfattig fetaost

Instruktioner:

I en stor skål kombineres agurker, tomater og løg. Tilsæt vinaigrette; kaste til belægning. Afkøl, tildækket, indtil servering. Lige inden servering røres osten i. Server med en hulske.

Næringsværdi (pr. 100g): 250 kalorier 12 g fedt 15 g kulhydrater 34 g protein 633 mg natrium

Oksekød kefta frikadeller med agurkesalat

Forberedelsestid: 10 minutter
Tid til at lave mad: 15 minutter
Portioner: 2
Sværhedsgrad: Hårdt

Ingredienser:

- madlavningsspray
- 1/2 pund stødt mørbrad
- 2 spsk plus 2 spsk hakket frisk fladbladet persille, delt
- 1 1/2 tsk hakket skrællet frisk ingefær
- 1 tsk stødt koriander
- 2 spsk hakket frisk koriander
- 1/4 tsk salt
- 1/2 tsk stødt spidskommen
- 1/4 tsk stødt kanel
- 1 kop engelske agurker i tynde skiver
- 1 spsk riseddike
- 1/4 kop almindelig fedtfri græsk yoghurt
- 1 1/2 tsk frisk citronsaft
- 1/4 tsk friskkværnet sort peber
- 1 (6-tommer) tærte, skåret i kvarte

Instruktioner:

Varm en grillpande op ved middel varme. Beklæd panden med madlavningsspray. Kombiner oksekød, 1/4 kop persille, koriander og de næste 5 ingredienser i en mellemstor skål. Del blandingen i 4 lige store portioner, form hver til en 1/2-tommers tyk patty. Tilføj patties til panden; kog begge sider til den ønskede færdighed.

Kombiner agurk og eddike i medium skål; kaste godt. Kombiner fedtfattig yoghurt, resterende 2 spsk persille, juice og peber i en lille skål; blandes med et piskeris. Placer 1 patty og 1/2 kop af pickle-blandingen på hver af 4 tallerkener. Top hvert tilbud med cirka 2 spiseskefulde yoghurtkrydderi. Server hver med 2 skiver tærte.

Næringsværdi (pr. 100g): 116 kalorier 5 g fedt 11 g kulhydrater 28 g protein 642 mg natrium

Kyllinge- og agurkesalat med persillepesto

Forberedelsestid: 15 minutter

Tid til at lave mad: 5 minutter

Portioner: 8

Sværhedsgrad: let

Ingredienser:

- 2 2/3 kopper pakket frisk fladbladet persille
- 1 1/3 dl frisk babyspinat
- 1 1/2 spsk ristede pinjekerner
- 1 1/2 spsk revet parmesanost
- 2 1/2 spsk frisk citronsaft
- 1 1/3 tsk kosher salt
- 1/3 tsk sort peber
- 1 1/3 mellemstore fed hvidløg, knust
- 2/3 kop ekstra jomfru olivenolie
- 5 1/3 kopper hakket rotisserie kylling (fra 1 kylling)
- 2 2/3 kopper kogt afskallet edamame
- 1 1/2 dåse 1 (15 oz.) usaltede kikærter, drænet og skyllet
- 1 1/3 kopper hakkede engelske agurker
- 5 1/3 kopper løst pakket rucola

Instruktioner:

Bland persille, spinat, citronsaft, pinjekerner, ost, hvidløg, salt og peber i en multifunktionsskål; behandle ca. 1 minut. Mens processoren kører, tilsæt olie; proces indtil glat, ca. 1 minut.

Kom kylling, edamame, kikærter og agurk i en stor skål. Tilsæt pesto; smide at kombinere.

Placer 2/3 kop rucola i hver af 6 skåle; top hver med 1 kop kyllingesalatblanding. Server straks.

Næringsværdi (pr. 100g): 116 kalorier 12 g fedt 3 g kulhydrater 9 g protein 663 mg natrium

Let rucola salat

Forberedelsestid: 15 minutter

Tid til at lave mad: 0 minutter

Portioner: 6

Sværhedsgrad: let

Ingredienser:

- 6 kopper unge rucolablade, vasket og tørret
- 1 1/2 dl cherrytomater, halveret
- 6 spiseskefulde pinjekerner
- 3 spiseskefulde vindruekerneolie eller olivenolie
- 1 1/2 spsk riseddike
- 3/8 tsk friskkværnet sort peber efter smag
- 6 skeer revet parmesanost
- 3/4 tsk salt efter smag
- 1 1/2 store avocadoer – skrællet, udstenet og skåret i skiver

Instruktioner:

Læg rucola, cherrytomater, pinjekerner, olie, eddike og parmesan i en stor plastikbeholder med låg. Tilsæt salt og peber efter smag. Dæk til og afdryp til blanding.

Skil salaten på porcelæn og læg avocadoskiver ovenpå.

Næringsværdi (pr. 100g): 120 kalorier 12 g fedt 14 g kulhydrater 25 g protein 736 mg natrium

Feta Garbanzo bønnesalat

Forberedelsestid: 10 minutter
Tid til at lave mad: 0 minutter
Portioner: 6
Sværhedsgrad: let

Ingredienser:

- 1 1/2 dåser (15 ounce) garbanzobønner
- 1 1/2 dåser (2-1/4 ounce) skåret modne oliven, drænet
- 1 1/2 mellemstore tomater
- 6 spiseskefulde tyndt skåret rødløg
- 2 1/4 kopper 1-1/2 groft hakkede engelske agurker
- 6 spsk hakket frisk persille
- 4 1/2 spsk olivenolie
- 3/8 tsk salt
- 1 1/2 spsk citronsaft
- 3/16 teskefulde peber
- 7 1/2 kopper blandet salat
- 3/4 kop smuldret fetaost

Instruktioner:

Overfør alle ingredienser til en stor skål; smide at kombinere. Tilsæt parmesanost.

Næringsværdi (pr. 100g): 140 kalorier 16 g fedt 10 g kulhydrater 24 g protein 817 mg natrium

Græske skåle med brune og vilde ris

Forberedelsestid: 15 minutter
Tid til at lave mad: 5 minutter
Portioner: 4
Sværhedsgrad: let

Ingredienser:

- 2 pakker (8-1/2 ounce) klar til servering brun fuldkorns vild risblanding
- 1 mellemmoden avocado, skrællet og skåret i skiver
- 1 1/2 dl cherrytomater, halveret
- 1/2 kop græsk vinaigrette, delt
- 1/2 kop smuldret fetaost
- 1/2 kop græske oliven uden sten, skåret i skiver
- hakket frisk persille, hvis det ønskes

Instruktioner:

Kombiner kornblandingen og 2 spiseskefulde af vinaigretten i en skål, der tåler mikrobølgeovn. Dæk og kog på høj, indtil det er gennemvarmet, cirka 2 minutter. Fordel i 2 skåle. Bedst med avocado, tomatgrøntsager, ost, oliven, resten af dressingen og eventuelt persille.

Næringsværdi (pr. 100g): 116 kalorier 10 g fedt 9 g kulhydrater 26 g protein 607 mg natrium

Græsk salat til aftensmad

Forberedelsestid: 10 minutter

Tid til at lave mad: 0 minutter

Portioner: 4

Sværhedsgrad: let

Ingredienser:

- 2 1/2 spsk grofthakket frisk persille
- 2 spsk grofthakket frisk dild
- 2 teskefulde frisk citronsaft
- 2/3 tsk tørret oregano
- 2 teskefulde ekstra jomfru olivenolie
- 4 kopper strimlet romainesalat
- 2/3 kop tyndt skåret rødløg
- 1/2 kop smuldret fetaost
- 2 kopper hakkede tomater
- 2 teskefulde kapers
- 2/3 agurk, skrællet, delt i kvarte på langs og skåret i tynde skiver
- 2/3 (19 ounce) dåse kikærter, drænet og skyllet
- 4 (6-tommer) fuldkornstærter, skåret i 8 skiver hver

Instruktioner:

Bland de første 5 ingredienser i en stor skål; blandes med et piskeris. Tilføj et medlem af salatfamilien og de næste 6 ingredienser (salat gennem kikærter); kaste godt. Server med skiver af tærte.

Næringsværdi (pr. 100g): 103 kalorier 12 g fedt 8 g kulhydrater 36 g protein 813 mg natrium

Helleflynder med citron- og fennikelsalat

Forberedelsestid: 15 minutter

Tid til at lave mad: 5 minutter

Portioner: 2

Sværhedsgrad: gennemsnitlig

Ingredienser:

- 1/2 tsk stødt koriander
- 1/4 tsk salt
- 1/8 tsk friskkværnet sort peber
- 2 1/2 tsk ekstra jomfru olivenolie, delt
- 1/4 tsk stødt spidskommen
- 1 fed hvidløg, hakket
- 2 (6 ounce) skrubbefileter
- 1 kop fennikelløg
- 2 spsk rødløg i tynde skiver
- 1 spsk frisk citronsaft
- 1 1/2 tsk hakket flad persille
- 1/2 tsk friske timianblade

Instruktioner:

Bland de første 4 ingredienser i en lille skål. Kombiner 1/2 tsk krydderiblanding, 2 tsk olie og hvidløg i en lille skål; gnid hvidløgsblandingen jævnt over fisken. Opvarm 1 tsk olie i en stor nonstick-gryde over medium-høj varme. Tilføj fisk til panden; steg i 5 minutter på hver side eller indtil den ønskede grad af færdighed.

Kombiner de resterende 3/4 tsk krydderiblanding, de resterende 2 tsk olie, fennikelløg og de resterende ingredienser i en medium skål, og vend godt til belægning. Forbered en skaldyrssalat.

Næringsværdi (pr. 100g):110 kalorier 9 g fedt 11 g kulhydrater 29 g protein 558 mg natrium

Græsk kyllingesalat med krydderurter

Forberedelsestid: 10 minutter

Tid til at lave mad: 10 minutter

Portioner: 2

Sværhedsgrad: gennemsnitlig

Ingredienser:

- 1/2 tsk tørret oregano
- 1/4 tsk hvidløgspulver
- 3/8 tsk sort peber, delt
- madlavningsspray
- 1/2 pund skindfri, udbenet kyllingebryst, skåret i 1-tommers terninger
- 1/4 tsk salt, delt
- 1/2 kop almindelig fedtfri yoghurt
- 1 tsk tahini (sesamfrøpasta)
- 2 1/2 tsk frisk citronsaft
- 1/2 tsk hakket hvidløg i en flaske
- 4 kopper hakket romainesalat
- 1/2 kop skrællede og hakkede engelske agurker
- 1/2 kop druetomater, halveret
- 3 kalamata udstenede oliven, halveret
- 2 spsk (1 ounce) smuldret fetaost

Instruktioner:

Bland oregano, naturligt hvidløgspulver, 1/2 tsk peber og 1/4 tsk salt i en skål. Varm en slip-let pande op over medium-høj varme. Overtræk panden med madlavningsspray. Tilføj fjerkræ og krydderier kombination; simre indtil fjerkræet er færdigt. Hæld over 1 tsk juice; røre rundt. Fjern fra skålen.

Kombiner de resterende 2 tsk juice, resterende 1/4 tsk natrium, resterende 1/4 tsk peber, yoghurt, tahin og hvidløg i en lille skål; bland godt. Kombiner et medlem af salatfamilien, agurker, tomater og oliven. Placer 2 1/2 kopper salatblanding på hver af 4 tallerkener. Top hver servering med 1/2 kop kyllingeblanding og 1 tsk ost. Top hver portion med 3 spiseskefulde yoghurt

Næringsværdi (pr. 100g): 116 kalorier 11 g fedt 15 g kulhydrater 28 g protein 634 mg natrium

Græsk couscous salat

Forberedelsestid: 10 minutter
Tid til at lave mad: 15 minutter
Portioner: 10
Sværhedsgrad: let

Ingredienser:

- 1 dåse (14-1/2 ounce) kyllingebouillon med reduceret natriumindhold
- 1 1/2 kopper 1-3/4 ubehandlet fuldkorns couscous (ca. 11 ounces)
- Bandage:
- 6 1/2 spsk olivenolie
- 1 1/4 tsk 1-1/2 revet citronskal
- 3 1/2 spsk citronsaft
- 13/16 teskefulde adobo-krydderi
- 3/16 teskefulde salt
- Salat:
- 1 2/3 kopper vindruetomater, halveret
- 5/6 engelsk agurk, halveret på langs og skåret i skiver
- 3/4 kop grofthakket frisk persille
- 1 dåse (6-1/2 ounce) skåret modne oliven, drænet
- 6 1/2 spsk smuldret fetaost
- 3 1/3 grønne løg, hakket

Instruktioner:

Bring suppen i kog i en stor gryde. Rør couscousen i. Fjern fra varmen; lad stå, tildækket, indtil suppen er absorberet, cirka 5 minutter. Overfør til en stor skål; afkøles helt.

Bland ingredienserne til dressingen. Tilsæt agurk, tomatgrøntsager, persille, oliven og forårsløg til couscousen; rør dressingen i. Bland forsigtigt osten i. Server straks eller stil på køl og server frossen.

Næringsværdi (pr. 100g): 114 kalorier 13 g fedt 18 g kulhydrater 27 g protein 811 mg natrium

Denver stegt omelet

Forberedelsestid: 10 minutter

Tid til at lave mad: 30 minutter

Portioner: 4

Sværhedsgrad: gennemsnitlig

Ingredienser:

- 2 spsk smør
- 1/2 løg, hakket kød
- 1/2 grøn peber, hakket
- 1 kop hakket kogt skinke
- 8 æg
- 1/4 kop mælk
- 1/2 kop revet cheddarost og kværnet sort peber efter smag

Instruktioner:

Forvarm ovnen til 200 grader C (400 grader F). Smør et 10 cm rundt bradefad.

Smelt smør over medium varme; kog og rør løg og peber, indtil det er blødt, cirka 5 minutter. Rør skinken i, og fortsæt med at koge, indtil den er gennemvarmet, 5 minutter.

Pisk æg og mælk i en stor skål. Rør blandingen af cheddarost og skinke i; Smag til med salt og sort peber. Hæld blandingen i en ovnfast fad. Bag i ovnen i cirka 25 minutter. Serveres varm.

Næringsværdi (pr. 100g): 345 kalorier 26,8 g fedt 3,6 g kulhydrater 22,4 g protein 712 mg natrium

Pølse pande

Forberedelsestid: 25 minutter

Tid til at lave mad: 60 minutter

Portioner: 12

Sværhedsgrad: gennemsnitlig

Ingredienser:

- 1 pund salvie morgenmadspølse,
- 3 kopper revne kartofler, drænet og drænet
- 1/4 kop smeltet smør,
- 12 oz blød revet cheddarost
- 1/2 kop løg, revet
- 1 (16 oz) lille hytteostbeholder
- 6 kæmpe æg

Instruktioner:

Forvarm ovnen til 190 °C. Smør let en 9 x 13-tommer firkantet bageplade.

Læg pølsen i en stor dyb pande. Kog ved medium varme indtil glat. Dræn, smuldr og stil til side.

Bland de revne kartofler og smør i den tilberedte ovnfast fad. Dæk bunden og siderne af gryden med blandingen. Bland pølse, cheddar, løg, friskost og æg i en skål. Hæld kartoffelblandingen over. Lad det bage.

Lad afkøle i 5 minutter før servering.

Næringsværdi (pr. 100g): 355 kalorier 26,3 g fedt 7,9 g kulhydrater 21,6 g protein 755 mg natrium.

Grillede marinerede rejer

Forberedelsestid: 30 minutter

Tid til at lave mad: 60 minutter

Portioner: 6

Sværhedsgrad: let

Ingredienser:

- 1 kop olivenolie,
- 1/4 kop hakket frisk persille
- 1 citron, presset
- 3 fed hvidløg, finthakket
- 1 spsk tomatpuré
- 2 teskefulde tørret oregano,
- 1 tsk salt
- 2 spsk varm pebersauce
- 1 tsk malet sort peber,
- 2 kg rejer, pillet og detaljeret

Instruktioner:

Bland olivenolie, persille, citronsaft, varm sauce, hvidløg, tomatpuré, oregano, salt og sort peber i en skål. Reserver et lille beløb til stringing senere. Fyld en stor genlukkelig plastikpose med marinade og rejer. Luk og lad det afkøle i 2 timer.

Varm grillen op på medium varme. Spyd rejerne, en gang på halen og en gang på hovedet. Kassér marinaden.

Smør grillen let. Kog rejerne i 5 minutter på hver side, eller indtil de bliver uigennemsigtige, og drys ofte med den marinade, du har gemt.

Næringsværdi (pr. 100g): 447 kalorier 37,5 g fedt 3,7 g kulhydrater 25,3 g protein 800 mg natrium

Pølse og æggegryde

Forberedelsestid: 20 minutter

Tid til at lave mad: 1 time og 10 minutter

Portioner: 12

Sværhedsgrad: gennemsnitlig

Ingredienser:

- 3/4 pund finthakket svinepølse
- 1 spiseskefuld smør
- 4 løg, hakket kød
- 1/2 pund friske svampe
- 10 æg, pisket
- 1 beholder (16 gram) fedtfattig hytteost
- 1 pund Monterey Jack ost, revet
- 2 dåser grøn peberfrugt i tern, afdryppet
- 1 kop mel, 1 tsk bagepulver
- 1/2 tsk salt
- 1/3 kop smeltet smør

Instruktioner:

Læg pølsen i en dyb pande. Kog ved medium varme indtil glat. Dræn og sæt til side. Smelt smørret i en gryde, steg og svits forårsløg og svampe til de er bløde.

Kom æg, hytteost, Monterey Jack ost og peberfrugt i en stor skål. Rør pølser, forårsløg og svampe i. Dæk til og stil på køl natten over.

Forvarm ovnen til 175 °C (350 °F). Smør en lys 9 x 13-tommers bageplade.

Sigt mel, bagepulver og salt i en skål. Rør det smeltede smør i. Bland melblandingen i æggeblandingen. Hæld i den tilberedte bradepande. Bages indtil let brunet. Lad stå i 10 minutter før servering.

Næringsværdi (pr. 100g): 408 kalorier 28,7 g fedt 12,4 g kulhydrater 25,2 g protein 1095 mg natrium

Bagte omeletfirkanter

Forberedelsestid: 15 minutter

Tid til at lave mad: 30 minutter

Portioner: 8

Sværhedsgrad: let

Ingredienser:

- 1/4 kop smør
- 1 lille løg, hakket kød
- 1 1/2 dl revet cheddarost
- 1 dåse champignon i skiver
- 1 dåse kogt skinke med sorte oliven (valgfrit)
- skåret jalapeno peberfrugt (valgfrit)
- 12 æg, røræg
- 1/2 kop mælk
- salt og peber efter smag

Instruktioner:

Forvarm ovnen til 205 °C (400 °F). Smør en 9 x 13 tommer bradepande.

Varm smørret op på en pande ved middel varme og svits løget til det er færdigt.

Fordel cheddarosten på bunden af den tilberedte bradepande. Læg et lag med svampe, oliven, stegte løg, skinke og jalapenopeber.

Pisk æggene i en skål med mælk, salt og peber. Hæld æggeblandingen over ingredienserne, men bland ikke.

Bages i en utildækket og forvarmet ovn, indtil væsken holder op med at flyde i midten og til toppen er lysebrun. Lad det køle lidt af, skær det derefter i firkanter og server.

Næringsværdi (pr. 100g): 344 kalorier 27,3 g fedt 7,2 g kulhydrater 17,9 g protein 1087 mg natrium

hårdkogt æg

Forberedelsestid: 5 minutter

Tid til at lave mad: 15 minutter

Portioner: 8

Sværhedsgrad: let

Ingredienser:

- 1 spsk salt
- 1/4 kop destilleret hvid eddike
- 6 kopper vand
- 8 æg

Instruktioner:

Kom salt, eddike og vand i en stor gryde og bring det i kog ved høj varme. Rør æggene i et ad gangen, så de ikke går i stykker. Reducer varmen og lad det simre i 14 minutter.

Fjern æggene fra det varme vand og læg dem i en skål fyldt med is eller koldt vand. Afkøl helt, cirka 15 minutter.

Næringsværdi (pr. 100g): 72 kalorier 5 g fedt 0,4 g kulhydrater 6,3 g protein 947 mg natrium

Svampe med sojasovs glasur

Forberedelsestid: 5 minutter
Tid til at lave mad: 10 minutter
Portioner: 2
Sværhedsgrad: gennemsnitlig

Ingredienser:

- 2 spsk smør
- 1 (8-ounce) pakke skåret hvide svampe
- 2 fed hvidløg, hakket
- 2 teskefulde sojasovs
- kværnet sort peber efter smag

Instruktioner:

Bring smørret i kog i en stegepande over medium-høj varme; rør i svampene; kog og rør, indtil svampene er bløde og slapper af, cirka 5 minutter. Rør hvidløg i; fortsæt med at koge og rør i 1 minut. Hæld sojasovs; kog svampe i sojasovs, indtil væsken fordamper, cirka 4 minutter.

Næringsværdi (pr. 100g): 135 kalorier 11,9 g fedt 5,4 g kulhydrater

Pepperoni æg

Forberedelsestid: 10 minutter

Tid til at lave mad: 20 minutter

Portioner: 2

Sværhedsgrad: gennemsnitlig

Ingredienser:

- 1 kop æggeerstatning
- 1 æg
- 3 løg, hakket kød
- 8 pepperoni i tern
- 1/2 tsk hvidløgspulver
- 1 tsk smeltet smør
- 1/4 kop revet Romano ost
- salt og kværnet sort peber efter smag

Instruktioner:

Bland æggeerstatning, æg, spidskål, pepperoni-skiver og hvidløgspulver i en skål.

Kog smørret i en slip-let pande ved lav varme; Tilsæt æggeblandingen, luk gryden og kog i 10 til 15 minutter. Pensl Romano's med æg og krydr med salt og peber.

Næringsværdi (pr. 100g): 266 kalorier 16,2 g fedt 3,7 g kulhydrater 25,3 g protein 586 mg natrium

æggekager

Forberedelsestid: 15 minutter
Tid til at lave mad: 20 minutter
Portioner: 6
Sværhedsgrad: gennemsnitlig

Ingredienser:

- 1 pakke bacon (12 ounce)
- 6 æg
- 2 spsk mælk
- 1/4 tsk salt
- 1/4 tsk stødt sort peber
- 1 c. Smeltet smør
- 1/4 tsk. Tørret persille
- 1/2 kop skinke
- 1/4 kop mozzarellaost
- 6 skiver gouda

Instruktioner:

Forvarm ovnen til 175°C (350°F). Steg baconen ved middel varme, indtil den begynder at brune. Tør baconskiverne med køkkenpapir.

Placer baconskiver i en 6-kopps nonstick muffinpande. Skær det resterende bacon i skiver og læg i bunden af hver kop.

Bland æg, mælk, smør, persille, salt og peber. Tilsæt skinke og mozzarellaost.

Fyld kopper med æggeblanding; pynt med gouda ost.

Bages i en forvarmet ovn, indtil Gouda-osten smelter og æggene er bløde, cirka 15 minutter.

Næringsværdi (pr. 100g): 310 kalorier 22,9 g fedt 2,1 g kulhydrater 23,1 g protein 988 mg natrium.

Dinosaur æg

Forberedelsestid: 20 minutter

Tid til at lave mad: 15 minutter

Portioner: 4

Sværhedsgrad: Hårdt

Ingredienser:

- Sennepssauce:
- 1/4 kop grov sennep
- 1/4 kop græsk yoghurt
- 1 tsk hvidløgspulver
- 1 knivspids cayennepeber
- Æg:
- 2 sammenpisket æg
- 2 kopper kartoffelmos
- 4 kogte æg, pillede
- 1 dåse (15 oz) HORMEL® Mary Kitchen® hakkebøfdåse finthakket
- 2 liter vegetabilsk olie til stegning

Instruktioner:

Bland gammeldags sennep, græsk yoghurt, hvidløgspulver og cayennepeber i en lille skål, indtil det er glat.

Overfør 2 sammenpisket æg til en lav skål; læg kartoffelflagerne i et separat lavt fad.

Del det hakkede kød i 4 portioner. Form det saltede oksekød omkring hvert æg, indtil det er helt pakket ind.

Dyp de indpakkede æg i det sammenpiskede æg og overtræk med kartoffelmos, indtil de er dækket.

Hæld olien i en stor gryde og opvarm den til 190°C (375°F).

Kom 2 æg i den varme olie og steg i 3 til 5 minutter, indtil de er gyldenbrune. Fjern med en ske og læg på en tallerken beklædt med køkkenpapir. Gentag dette med de resterende 2 æg.

Skær på langs og server med sennepssauce.

Næringsværdi (pr. 100g): 784 kalorier 63,2 g fedt 34 g kulhydrater

Dild og tomat frittata

Forberedelsestid: 10 minutter

Tid til at lave mad: 35 minutter

Portioner: 6

Sværhedsgrad: gennemsnitlig

Ingredienser:

- Peber og salt efter smag
- 1 tsk røde peberflager
- 2 fed hvidløg, hakket
- ½ kop smuldret gedeost - valgfrit
- 2 spsk frisk purløg, hakket
- 2 spsk frisk dild, hakket
- 4 tomater, i tern
- 8 æg, pisket
- 1 tsk kokosolie

Instruktioner:

Smør en 9-tommer rund pande og forvarm ovnen til 325oF.

Bland alle ingredienserne godt i en stor skål og hæld dem i den forberedte beholder.

Sæt i ovnen og bag indtil midten er bagt, cirka 30-35 minutter.

Tag ud af ovnen og pynt med mere purløg og dild.

Næringsværdi (pr. 100g): 149 kalorier 10,28 g fedt 9,93 g kulhydrater 13,26 g protein 523 mg natrium

Paleo pandekager med mandel og banan

Forberedelsestid: 10 minutter

Tid til at lave mad: 10 minutter

Portioner: 3

Sværhedsgrad: gennemsnitlig

Ingredienser:

- ¼ kop mandelmel
- ½ tsk stødt kanel
- 3 æg
- 1 banan, moset
- 1 spsk mandelsmør
- 1 tsk vaniljeekstrakt
- 1 tsk olivenolie
- Banan i skiver til servering

Instruktioner:

Pisk æggene i en skål, indtil de er skummende. I en anden skål moses bananen med en gaffel og tilsættes æggeblandingen. Tilsæt vanilje, mandelsmør, kanel og mandelmel. Blend til en jævn blanding. Varm olivenolien op i en gryde. Tilsæt en skefuld dej og steg dem på begge sider.

Fortsæt med at udføre disse trin, indtil du er færdig med al dejen.

Læg lidt skåret banan ovenpå før servering.

Næringsværdi (pr. 100g): 306 kalorier 26 g fedt 3,6 g kulhydrater 14,4 g protein 588 mg natrium

Zucchini med æg

Forberedelsestid: 5 minutter
Tid til at lave mad: 10 minutter
Portioner: 2
Sværhedsgrad: let

Ingredienser:

- 1 1/2 spsk olivenolie
- 2 store zucchini, skåret i store stykker
- salt og kværnet sort peber efter smag
- 2 store æg
- 1 tsk vand eller efter ønske

Instruktioner:

Varm olien op i en pande ved middel varme; sauter zucchini indtil de er møre, cirka 10 minutter. Krydr zucchinien godt.

Pisk æggene i en skål med en gaffel. Hæld vandet i og pisk indtil det hele er godt blandet. Hæld æggene over zucchinien; kog og rør, indtil røræg holder op med at løbe, cirka 5 minutter. Krydr zucchini og æg godt.

Næringsværdi (pr. 100g): 213 kalorier 15,7 g fedt 11,2 g kulhydrater 10,2 g protein 180 mg natrium

Amish ost morgenmad blanding

Forberedelsestid: 10 minutter

Tid til at lave mad: 50 minutter

Portioner: 12

Sværhedsgrad: let

Ingredienser:

- 1 pund bacon i tern
- 1 hoved sødt løg, hakket kød
- 4 kopper revet og frosne kartofler, optøet
- 9 let pisket æg
- 2 kopper revet cheddarost
- 1 1/2 dl hytteost
- 1 1/4 kopper revet schweizerost

Instruktioner:

Forvarm ovnen til 175 °C (350 °F). Smør en 9 x 13 tommer bradepande.

Varm en stor stegepande op over medium varme; kog og rør bacon og løg, indtil bacon er jævnt brunet, cirka 10 minutter. Dræne. Bland kartofler, æg, cheddarost, hytteost og schweizerost. Hæld blandingen i den forberedte bageform.

Bag i ovnen, indtil æggene er kogt, og osten er smeltet, 45 til 50 minutter. Stil til side i 10 minutter før udskæring og servering.

Næringsværdi (pr. 100g): 314 kalorier 22,8 g fedt 12,1 g kulhydrater 21,7 g protein 609 mg natrium

Salat med Roquefort ost

Forberedelsestid: 20 minutter

Tid til at lave mad: 25 minutter

Portioner: 6

Sværhedsgrad: let

Ingredienser:

- 1 salatblad, skåret i mundrette stykker
- 3 pærer - skrællede, udkernede og skåret i stykker
- 5 oz Roquefort ost, smuldret
- 1/2 kop hakket forårsløg
- 1 avocado – skrællet, udsået og skåret i tern
- 1/4 kop hvidt sukker
- 1/2 kop pekannødder
- 1 1/2 tsk hvidt sukker
- 1/3 kop olivenolie,
- 3 spiseskefulde rødvinseddike,
- 1 1/2 tsk forberedt sennep,
- 1 fed hakket hvidløg,
- 1/2 tsk friskkværnet sort peber

Instruktioner:

Kombiner 1/4 kop sukker med pekannødder i en stegepande over medium varme. Fortsæt med at røre forsigtigt, indtil sukkeret er opløst med pekannødderne. Læg forsigtigt nødderne på vokspapiret. Lad det stå til side og bræk i stykker.

Vinaigrette kombinationsolie, eddike, 1 1/2 tsk sukker, sennep, hakket hvidløg, salt og peber.

I en stor skål blandes salat, pærer, blåskimmelost, avocado og spidskål. Hæld vinaigretten over salaten, drys med pekannødder og server.

Næringsværdi (pr. 100g):426 kalorier 31,6 g fedt 33,1 g kulhydrater 8 g protein 654 mg natrium

Ris med vermicelli

Forberedelsestid: 5 minutter

Tid til at lave mad: 45 minutter

Portioner: 6

Sværhedsgrad: let

Ingredienser:

- 2 kopper kortkornet ris
- 3½ kopper vand, plus mere til skylning og iblødsætning af risene
- ¼ kop olivenolie
- 1 kop knust vermicelli pasta
- Salt

Instruktioner:

Læg risene i blød i koldt vand, indtil vandet er klart. Kom risene i en skål, dæk med vand og lad dem trække i 10 minutter. Dræn og sæt til side. Varm olivenolien op i en medium gryde ved middel varme.

Rør vermicelli i og kog i 2 til 3 minutter, under konstant omrøring, indtil de er gyldenbrune.

Tilsæt risene og kog i 1 minut under omrøring, så risene er godt belagt med olie. Rør vand og en knivspids salt i og bring væsken i kog. Juster temperaturen og kog i 20 minutter. Fjern fra varmen og lad stå i 10 minutter. Prik med en gaffel og server.

Næringsværdi (pr. 100g): 346 kalorier 9 g totalt fedt 60 g kulhydrater 2 g protein 0,9 mg natrium

Fava bønner og ris

Forberedelsestid: 10 minutter
Tid til at lave mad: 35 minutter
Portioner: 4
Sværhedsgrad: let

Ingredienser:

- ¼ kop olivenolie
- 4 kopper friske favabønner, afskallede
- 4½ kopper vand, plus ekstra til drysning
- 2 kopper basmatiris
- 1/8 tsk salt
- 1/8 tsk friskkværnet sort peber
- 2 spsk pinjekerner, stegt
- ½ kop hakket frisk purløg eller frisk purløg

Instruktioner:

Fyld en gryde med olivenolie og kog over medium varme. Tilsæt de grønne bønner og drys med lidt vand, så de ikke brænder på eller klistrer. Kog i 10 minutter.

Rør forsigtigt risene i. Tilsæt vand, salt og peber. Sæt ilden og bring blandingen i kog. Juster varmen og lad det koge langsomt i 15 minutter.

Fjern fra varmen og lad stå i 10 minutter før servering. Hæld på et serveringsfad og drys med ristede pinjekerner og purløg.

Næringsværdi (pr. 100g): 587 kalorier 17 g totalt fedt 97 g kulhydrater 2 g protein 0,6 mg natrium

Fava bønner med smør

Forberedelsestid: 30 minutter

Tid til at lave mad: 15 minutter

Portioner: 4

Sværhedsgrad: let

Ingredienser:

- ½ kop grøntsagsbouillon
- 4 pund fava bønner, afskallede
- ¼ kop frisk estragon, delt
- 1 tsk hakket frisk timian
- ¼ teskefuld friskkværnet sort peber
- 1/8 tsk salt
- 2 spsk smør
- 1 fed hvidløg, hakket
- 2 spsk hakket frisk persille

Instruktioner:

Bring grøntsagsbouillonen i kog i en lav gryde ved middel varme. Tilsæt grønne bønner, 2 spsk estragon, timian, peber og salt. Kog indtil suppen er næsten absorberet og bønnerne er møre.

Rør smør, hvidløg og de resterende 2 spsk estragon i. Kog i 2 til 3 minutter. Drys med persille og server varm.

Næringsværdi (pr. 100g): 458 kalorier 9 g fedt 81 g kulhydrater 37 g protein 691 mg natrium

Freekeh

Forberedelsestid: 10 minutter
Tid til at lave mad: 40 minutter
Portioner: 4
Sværhedsgrad: let

Ingredienser:

- 4 spiseskefulde ghee
- 1 løg hakket
- 3½ dl grøntsagsbouillon
- 1 tsk stødt allehånde
- 2 kopper freekeh
- 2 spsk pinjekerner, stegt

Instruktioner:

Smelt ghee i en tykbundet gryde ved middel varme. Rør løget i og steg i cirka 5 minutter, under konstant omrøring, indtil løget bliver gyldenbrunt. Hæld grøntsagssuppen i, tilsæt allehånde og bring det i kog. Rør freekeh i og bring blandingen i kog igen. Juster temperaturen og kog i 30 minutter under omrøring af og til. Hæld freekeh i en serveringsskål og drys med ristede pinjekerner.

Næringsværdi (pr. 100g): 459 kalorier 18 g fedt 64 g kulhydrater 10 g protein 692 mg natrium

Stegte riskugler med tomatsauce

Forberedelsestid: 15 minutter

Tid til at lave mad: 20 minutter

Portioner: 8

Sværhedsgrad: Hårdt

Ingredienser:

- 1 kop brødkrummer
- 2 kopper kogt risotto
- 2 store æg, delt
- ¼ kop friskrevet parmesanost
- 8 friske babymozzarellakugler eller 1 (4-tommer) frisk mozzarella, skåret i 8 stykker
- 2 spsk vand
- 1 kop majsolie
- 1 kop grundlæggende tomatbasilikumsauce eller købt i butikken

Instruktioner:

Læg brødkrummerne i en lille skål og stil til side. Bland risotto, 1 æg og parmesan godt i en mellemstor skål. Del risottoblandingen i 8 dele. Læg dem på en ren arbejdsflade og flad hvert stykke.

Læg 1 mozzarellakugle på hver flade risplade. Luk risene rundt om mozzarellaen for at lave en kugle. Gentag indtil alle kugler er færdige. I den samme nu tomme skål piskes det resterende æg og vand. Dyp hver tilberedt risottokugle i æggeopløsningen og rul i brødkrummer. Sæt til side.

Kog majsolien i en gryde ved høj varme. Slip forsigtigt risottokuglerne i den varme olie og steg i 5 til 8 minutter, indtil de er gyldenbrune. Bland dem eventuelt, så hele overfladen er stegt. Læg de stegte kugler med en hulske på køkkenrulle til afdrypning.

Opvarm tomatsaucen i en medium gryde ved middel varme i 5 minutter, rør rundt af og til og server den varme sauce med riskuglerne.

Næringsværdi (pr. 100g): 255 kalorier 15 g fedt 16 g kulhydrater 2 g protein 669 mg natrium

ris i spansk stil

Forberedelsestid: 10 minutter
Tid til at lave mad: 35 minutter
Portioner: 4
Sværhedsgrad: gennemsnitlig

Ingredienser:

- ¼ kop olivenolie
- 1 lille løg finthakket
- 1 rød peberfrugt, frøet og skåret i tern
- 1½ dl hvide ris
- 1 tsk sød paprika
- ½ tsk stødt spidskommen
- ½ tsk stødt koriander
- 1 fed hvidløg, hakket
- 3 spiseskefulde tomatpure
- 3 kopper grøntsagssuppe
- 1/8 tsk salt

Instruktioner:

Varm olivenolien op i en stor tykbundet pande ved middel varme. Rør løg og rød peber i. Kog i 5 minutter eller indtil de er møre. Tilsæt ris, paprika, spidskommen og koriander og kog i 2 minutter under jævnlig omrøring.

Tilsæt hvidløg, tomatpure, grøntsagsbouillon og salt. Bland godt og krydr efter behov. Lad blandingen koge. Reducer varmen og kog i 20 minutter.

Stil til side i 5 minutter før servering.

Næringsværdi (pr. 100g): 414 kalorier 14 g fedt 63 g kulhydrater 2 g protein 664 mg natrium

Zucchini med ris og tzatziki

Forberedelsestid: 20 minutter

Tid til at lave mad: 35 minutter

Portioner: 4

Sværhedsgrad: gennemsnitlig

Ingredienser:

- ¼ kop olivenolie
- 1 løg hakket
- 3 zucchini i tern
- 1 kop grøntsagssuppe
- ½ kop hakket frisk dild
- Salt
- Friskkværnet sort peber
- 1 kop kortkornet ris
- 2 spsk pinjekerner
- 1 kop Tzatziki sauce, almindelig yoghurt eller købt i butikken

Instruktioner:

Varm olien op i en tykbundet gryde ved middel varme. Rør løget i, reducer varmen til middel-lav og svits i 5 minutter. Rør zucchinien i og kog i yderligere 2 minutter.

Rør grøntsagssuppe og dild i og smag til med salt og peber. Øg varmen til medium og bring blandingen i kog.

Rør risene i og kog blandingen igen. Sæt varmen til meget lav, dæk gryden til og kog i 15 minutter. Fjern fra varmen og stil til side i 10 minutter. Hæld risene på et serveringsfad, drys med pinjekerner og server med tzatziki-saucen.

Næringsværdi (pr. 100g): 414 kalorier 17 g fedt 57 g kulhydrater 5 g protein 591 mg natrium

Cannellini bønner med rosmarin og hvidløg Aioli

Forberedelsestid: 10 minutter
Tid til at lave mad: 10 minutter
Portioner: 4
Sværhedsgrad: let

Ingredienser:

- 4 kopper kogte cannellini bønner
- 4 kopper vand
- ½ tsk salt
- 3 spiseskefulde olivenolie
- 2 spsk hakket frisk rosmarin
- ½ kop hvidløg Aioli
- ¼ teskefuld friskkværnet sort peber

Instruktioner:

Kombiner cannellinibønnerne, vand og salt i en mellemstor gryde ved middel varme. Lad det koge. Kog i 5 minutter. Dræne. Varm olivenolien op i en pande ved middel varme.

Tilsæt grønne bønner. Rør rosmarin og aioli i. Juster varmen til medium-lav og kog under omrøring lige for at varme igennem. Smag til med peber og server.

Næringsværdi (pr. 100g): 545 kalorier 36 g fedt 42 g kulhydrater 14 g protein 608 mg natrium

Ris med juveler

Forberedelsestid: 15 minutter

Tid til at lave mad: 30 minutter

Portioner: 6

Sværhedsgrad: Hårdt

Ingredienser:

- ½ kop olivenolie, delt
- 1 løg finthakket
- 1 fed hvidløg, hakket
- ½ tsk hakket skrællet frisk ingefær
- 4½ kopper vand
- 1 tsk salt, delt, plus mere efter behov
- 1 tsk stødt gurkemeje
- 2 kopper basmatiris
- 1 kop friske søde ærter
- 2 gulerødder, skrællet og skåret i ½-tommers tern
- ½ kop tørrede tranebær
- Revet skal af 1 appelsin
- 1/8 tsk cayennepeber
- ¼ kop skivede mandler, ristede

Instruktioner:

Varm ¼ kop olivenolie i en stor stegepande. Læg løget og steg i 4 minutter. Svits på hvidløg og ingefær.

Bland i vand, ¾ tsk salt og gurkemeje. Kog blandingen. Tilsæt risene og bring blandingen i kog igen. Smag suppen til og smag evt til med mere salt. Vælg en lav temperatur og kog i 15 minutter. Sluk for varmen. Lad risene sidde på blusset, tildækket, i 10 minutter. I mellemtiden opvarmer du den resterende ¼ kop olivenolie i en mellemstor stegepande eller sauterpande over medium-lav varme. Rør ærter og gulerødder i. Kog i 5 minutter.

Rør tranebær og appelsinskal i. Drys med resterende salt og cayennepeber. Kog i 1 til 2 minutter. Hæld risene på en tallerken. Læg ærter og gulerødder ovenpå og drys med ristede mandler.

Næringsværdi (pr. 100g): 460 kalorier 19 g fedt 65 g kulhydrater 4 g protein 810 mg natrium

Asparges risotto

Forberedelsestid: 15 minutter
Tid til at lave mad: 30 minutter
Portioner: 4
Sværhedsgrad: Hårdt

Ingredienser:

- 5 kopper grøntsagsbouillon, delt
- 3 spsk usaltet smør, delt
- 1 spsk olivenolie
- 1 lille løg hakket
- 1½ dl Arborio ris
- 1 pund friske asparges, enderne skåret, skåret i 1-tommers stykker, toppene adskilt
- ¼ kop friskrevet parmesanost

Instruktioner:

Bring grøntsagsbouillonen i kog ved middel varme. Sæt varmen til lav og kog. Bland 2 spsk smør med olivenolie. Rør løget i og steg i 2 til 3 minutter.

Tilsæt risene og rør rundt med en træske, mens de koger i 1 minut, indtil kornene er godt belagt med smør og olie.

Rør ½ kop varm bouillon i. Kog og bliv ved med at røre, indtil suppen er helt absorberet. Tilsæt aspargesstilkene og yderligere ½ kop bouillon. Kog og rør af og til. Fortsæt med at tilføje bouillon, ½ kop ad gangen, og kog indtil den er fuldstændig absorberet efter tilsætning af den næste ½ kop. Rør ofte, så de ikke klistrer. Risene skal være kogte, men stadig faste.

Tilsæt aspargesspidserne, den resterende 1 spsk smør og parmesanosten. Rør kraftigt for at kombinere. Fjern fra varmen, tilsæt mere parmesanost, hvis det ønskes, og server med det samme.

Næringsværdi (pr. 100g): 434 kalorier 14 g fedt 67 g kulhydrater 6 g protein 517 mg natrium

Marokkansk Tagine med grøntsager

Forberedelsestid: 20 minutter

Tid til at lave mad: 40 minutter

Portioner: 2

Sværhedsgrad: gennemsnitlig

Ingredienser:

- 2 spsk olivenolie
- ½ løg, i tern
- 1 fed hvidløg, hakket
- 2 kopper blomkålsbuketter
- 1 mellemstor gulerod, skåret i 1-tommers stykker
- 1 kop aubergine i tern
- 1 dåse hele tomater med saft
- 1 (15 ounce / 425 g) dåse kikærter
- 2 små røde kartofler
- 1 kop vand
- 1 tsk ren ahornsirup
- ½ tsk kanel
- ½ tsk gurkemeje
- 1 tsk spidskommen
- ½ tsk salt
- 1 til 2 teskefulde harissa pasta

Instruktioner:

Opvarm olivenolien i en hollandsk ovn ved middel varme. Sauter løget i 5 minutter under omrøring af og til, eller indtil løget er gennemsigtigt.

Rør hvidløg, blomkålsbuketter, gulerod, aubergine, tomat og kartoffel i. Knus tomaten med en træske i mindre stykker.

Tilsæt kikærter, vand, ahornsirup, kanel, gurkemeje, spidskommen og salt og rør for at kombinere. Lad det koge

Når du er færdig, reducer du varmen til medium-lav. Rør harissa-pastaen i, dæk til og lad den koge i cirka 40 minutter, eller indtil grøntsagerne er bløde. Smag til og juster krydderierne efter behov. Lad den hvile inden servering.

Næringsværdi (pr. 100g): 293 kalorier 9,9 g fedt 12,1 g kulhydrater 11,2 g protein 811 mg natrium

Kikærte og selleri salat wraps

Forberedelsestid: 10 minutter

Tid til at lave mad: 0 minutter

Portioner: 4

Sværhedsgrad: let

Ingredienser:

- 1 (15 ounce / 425 g) dåse kikærter med lavt natriumindhold
- 1 bladselleri, skåret i tynde skiver
- 2 spsk finthakket rødløg
- 2 spsk usaltet tahin
- 3 skeer honning sennep
- 1 spsk kapers, udrænet
- 12 blade smørsalat

Instruktioner:

Mos kikærterne i en skål med en kartoffelmoser eller bagsiden af en gaffel, indtil de for det meste er glatte. Tilsæt selleri, rødløg, tahini, honningsennep og kapers i en skål, og vend det godt sammen.

For hver servering lægges tre overlappende salatblade på en tallerken og tops med ¼ af kikærtepuréfyldet, og rul derefter sammen. Gentag med resterende salatblade og kikærteblanding.

Næringsværdi (pr. 100g): 182 kalorier 7,1 g fedt 3 g kulhydrater 10,3 g protein 743 mg natrium

Grillede grøntsagsspyd

Forberedelsestid: 15 minutter
Tid til at lave mad: 10 minutter
Portioner: 4
Sværhedsgrad: let

Ingredienser:

- 4 mellemstore rødløgshoveder, pillede og skåret i 6 ringe
- 4 mellemstore zucchini, skåret i 1-tommers skiver
- 2 bøftomater i kvarte
- 4 røde peberfrugter
- 2 orange peberfrugter
- 2 gule peberfrugter
- 2 spiseskefulde plus 1 tsk olivenolie

Instruktioner:

Varm grillen op til medium varme. Spid grøntsagerne skiftevis mellem rødløg, zucchini, tomater og peberfrugter i forskellige farver. Beklæd dem med 2 spsk olivenolie.

Olér grillristene med 1 tsk olivenolie og grill grøntsagsspydene i 5 minutter. Vend spyddene og grill dem i yderligere 5 minutter eller indtil de er kogte efter din smag. Lad spyddene køle af i 5 minutter før servering.

Næringsværdi (pr. 100g): 115 kalorier 3 g fedt 4,7 g kulhydrater 3,5 g protein 647 mg natrium

Fyldte Portobello-svampe med tomater

Forberedelsestid: 10 minutter

Tid til at lave mad: 15 minutter

Portioner: 4

Sværhedsgrad: gennemsnitlig

Ingredienser:

- 4 store kapper portobellosvampe
- 3 spiseskefulde ekstra jomfru olivenolie
- Salt og sort peber efter smag
- 4 tørrede tomater
- 1 kop revet mozzarellaost, delt
- ½ til ¾ kop tomatsauce med lavt natriumindhold

Instruktioner:

Forvarm slagtekyllinger på høj. Læg svampehætterne på en bageplade og dryp med olivenolie. Drys med salt og peber. Bag i 10 minutter, vend svampehætterne halvvejs igennem, indtil de er gyldenbrune på toppen.

Fjern fra bagning. Hæld 1 tomat, 2 spiseskefulde ost og 2 til 3 spiseskefulde sauce på hver svampehætte. Sæt svampehætterne tilbage i bageformen og fortsæt med at bage i 2 til 3 minutter. Afkøl i 5 minutter før servering.

Næringsværdi (pr. 100g): 217 kalorier 15,8 g fedt 9 g kulhydrater 11,2 g protein 793 mg natrium

Visne mælkebøttegrønt med søde løg

Forberedelsestid: 15 minutter

Tid til at lave mad: 15 minutter

Portioner: 4

Sværhedsgrad: let

Ingredienser:

- 1 spsk ekstra jomfru olivenolie
- 2 fed hvidløg, hakket
- 1 Vidalia løg, skåret i tynde skiver
- ½ kop grøntsagsbouillon med lavt natriumindhold
- 2 bundter mælkebøttegrønt, groft hakket
- Friskkværnet sort peber efter smag

Instruktioner:

Varm olivenolien op i en stor pande ved lav varme. Tilsæt hvidløg og løg og steg i 2 til 3 minutter under omrøring af og til, eller indtil løget er gennemsigtigt.

Rør grøntsagsbouillon og mælkebøttegrønt i, og kog i 5 til 7 minutter, indtil det er visnet, under omrøring ofte. Drys med sort peber og anret på et fad, mens det stadig er lunt.

Næringsværdi (pr. 100g): 81 kalorier 3,9 g fedt 4 g kulhydrater 3,2 g protein 693 mg natrium

Grøn selleri og sennep

Forberedelsestid: 10 minutter

Tid til at lave mad: 15 minutter

Portioner: 4

Sværhedsgrad: gennemsnitlig

Ingredienser:

- ½ kop grøntsagsbouillon med lavt natriumindhold
- 1 selleri stilk, groft hakket
- ½ sødt løg, hakket
- ½ stor rød peber, skåret i tynde skiver
- 2 fed hvidløg, hakket
- 1 bundt sennep, hakket groft

Instruktioner:

Hæld grøntsagsbouillonen i en stor støbejernsgryde og lad det simre let ved middel varme. Rør selleri, løg, peber og hvidløg i. Kog uden låg i cirka 3 til 5 minutter.

Tilsæt sennepsgrønt til gryden og bland godt. Reducer varmen og kog indtil væsken fordamper og grøntsager visner. Fjern fra varmen og server varm.

Næringsværdi (pr. 100g): 39 kalorier 3,1 g protein 6,8 g kulhydrater 3 g protein 736 mg natrium

Grøntsags- og tofukrydderi

Forberedelsestid: 5 minutter

Tid til at lave mad: 10 minutter

Portioner: 2

Sværhedsgrad: let

Ingredienser:

- 2 spsk ekstra jomfru olivenolie
- ½ rødløg, finthakket
- 1 kop hakket grønkål
- 8 ounce (227 g) svampe, skåret i skiver
- 8 ounce (227 g) tofu, skåret i stykker
- 2 fed hvidløg, hakket
- Knib de røde peberflager
- ½ tsk havsalt
- 1/8 tsk friskkværnet sort peber

Instruktioner:

Opvarm olivenolien i en slip-let pande over medium-høj varme, indtil den skinner. Kom løg, grønkål og champignon i gryden. Kog, rør af og til, eller indtil grøntsagerne begynder at brune.

Tilsæt tofu og steg i 3 til 4 minutter, indtil den er blød. Rør hvidløg, rød peberflager, salt og sort peber i og kog i 30 sekunder. Lad den hvile inden servering.

Næringsværdi (pr. 100g): 233 kalorier 15,9 g fedt 2 g kulhydrater 13,4 g protein 733 mg natrium

Simple Zoodles

Forberedelsestid: 10 minutter

Tid til at lave mad: 5 minutter

Portioner: 2

Sværhedsgrad: let

Ingredienser:

- 2 spsk avocadoolie
- 2 mellemstore spiraliserede zucchini
- ¼ teskefuld salt
- Friskkværnet sort peber efter smag

Instruktioner:

Opvarm avocadoolien i en stor gryde ved middel varme, indtil den skinner. Tilsæt zucchini nudlerne, salt og sort peber til gryden og vend til belægning. Kog og rør konstant, indtil det er blødt. Serveres varm.

Næringsværdi (pr. 100g): 128 kalorier 14 g fedt 0,3 g kulhydrater 0,3 g protein 811 mg natrium

Linser og tomat wraps

Forberedelsestid: 15 minutter
Tid til at lave mad: 0 minutter
Portioner: 4
Sværhedsgrad: let

Ingredienser:

- 2 kopper kogte linser
- 5 romatomater skåret i tern
- ½ kop smuldret fetaost
- 10 store friske basilikumblade, skåret i tynde skiver
- ¼ kop ekstra jomfru olivenolie
- 1 spsk balsamicoeddike
- 2 fed hvidløg, hakket
- ½ tsk rå honning
- ½ tsk salt
- ¼ teskefuld friskkværnet sort peber
- 4 store collardblade, stilke fjernet

Instruktioner:

Bland linser, tomater, ost, basilikumblade, olivenolie, eddike, hvidløg, honning, salt og sort peber og bland godt.

Læg collard greens på en flad arbejdsflade. Hæld en lige stor mængde af linseblandingen på kanterne af bladene. Rul dem sammen og halver dem til servering.

Næringsværdi (pr. 100g): 318 kalorier 17,6 g fedt 27,5 g kulhydrater 13,2 g protein 800 mg natrium

Vegetarisk middelhavsskål

Forberedelsestid: 10 minutter

Tid til at lave mad: 20 minutter

Portioner: 4

Sværhedsgrad: gennemsnitlig

Ingredienser:

- 2 kopper vand
- 1 kop bulgurhvede #3 eller quinoa, skyllet
- 1½ tsk salt, delt
- 1 pint (2 kopper) cherrytomater, skåret i halve
- 1 stor peberfrugt, hakket
- 1 stor agurk, hakket
- 1 kop Kalamata oliven
- ½ kop friskpresset citronsaft
- 1 kop ekstra jomfru olivenolie
- ½ tsk friskkværnet sort peber

Instruktioner:

Bring vand i kog i en medium gryde ved middel varme. Tilsæt bulgur (eller quinoa) og 1 tsk salt. Dæk til og kog i 15 til 20 minutter.

For at arrangere grøntsagerne i dine 4 skåle skal du visuelt dele hver skål i 5 sektioner. Kom den kogte bulgur i den ene del. Følg op med tomater, peberfrugt, agurker og oliven.

Bland citronsaft, olivenolie, resterende ½ tsk salt og sort peber.

Fordel dressingen jævnt i 4 skåle. Server med det samme eller dæk til og stil på køl til senere.

Næringsværdi (pr. 100g): 772 kalorier 9 g fedt 6 g protein 41 g kulhydrater 944 mg natrium

Grillede grøntsager og hummus wrap

Forberedelsestid: 15 minutter

Tid til at lave mad: 10 minutter

Portioner: 6

Sværhedsgrad: gennemsnitlig

Ingredienser:

- 1 stor aubergine
- 1 stort løg
- ½ kop ekstra jomfru olivenolie
- 1 tsk salt
- 6 lag lavash eller stort pitabrød
- 1 kop cremet traditionel hummus

Instruktioner:

Opvarm en grill, stor stegepande eller let olieret stor stegepande over medium-høj varme. Skær aubergine og løg i ringe. Drys grøntsagerne med olivenolie og drys med salt.

Grill grøntsagerne på begge sider, cirka 3 til 4 minutter på hver side. For at lave foret skal du lægge lavash eller pita fladt. Læg cirka 2 spsk hummus på wrap.

Fordel grøntsagerne jævnt på wraps, stable dem langs den ene side af wrap. Fold forsigtigt siden af wrap med grøntsagerne, læg den ind og lav en stram wrap.

Læg omslaget med sømmen nedad og skær i halve eller tredjedele.

Du kan også pakke hver sandwich ind i plastfolie for at holde formen og spise den senere.

Næringsværdi (pr. 100g): 362 kalorier 10 g fedt 28 g kulhydrater 15 g protein 736 mg natrium

Spanske grønne bønner

Forberedelsestid: 10 minutter

Tid til at lave mad: 20 minutter

Portioner: 4

Sværhedsgrad: let

Ingredienser:

- ¼ kop ekstra jomfru olivenolie
- 1 stort løg, hakket
- 4 fed hvidløg, finthakket
- 1 pund grønne bønner, friske eller frosne, trimmet
- 1½ tsk salt, delt
- 1 (15 ounce) dåse tomater i tern
- ½ tsk friskkværnet sort peber

Instruktioner:

Varm olivenolie, løg og hvidløg op; kog i 1 minut. Skær grønne bønner i 2-tommer stykker. Tilsæt de grønne bønner og 1 tsk salt til gryden og rør rundt; kog i 3 minutter. Tilsæt de hakkede tomater, den resterende ½ tsk salt og sort peber til gryden; fortsæt med at lave mad i yderligere 12 minutter, under omrøring af og til. Serveres varm.

Næringsværdi (pr. 100g): 200 kalorier 12 g fedt 18 g kulhydrater 4 g protein 639 mg natrium

Rustik blomkål og gulerods hash

Forberedelsestid: 10 minutter

Tid til at lave mad: 10 minutter

Portioner: 4

Sværhedsgrad: let

Ingredienser:

- 3 spiseskefulde ekstra jomfru olivenolie
- 1 stort løg, hakket
- 1 spsk hvidløg, hakket
- 2 kopper gulerødder i tern
- 4 kopper vaskede blomkålsstykker
- 1 tsk salt
- ½ tsk stødt spidskommen

Instruktioner:

Kog olivenolie, løg, hvidløg og gulerod i 3 minutter. Skær blomkålen i 1-tommers stykker eller mundrette stykker. Tilsæt blomkål, salt og spidskommen til gryden og rør rundt for at kombinere med gulerødder og løg.

Dæk til og kog i 3 minutter. Tilsæt grøntsagerne og fortsæt med at koge i yderligere 3 til 4 minutter. Serveres varm.

Næringsværdi (pr. 100g): 159 kalorier 17 g fedt 15 g kulhydrater 3 g protein 569 mg natrium

Bagt blomkål og tomater

Forberedelsestid: 5 minutter

Tid til at lave mad: 25 minutter

Portioner: 4

Sværhedsgrad: gennemsnitlig

Ingredienser:

- 4 kopper blomkål, skåret i 1-tommers stykker
- 6 spiseskefulde ekstra jomfru olivenolie, delt
- 1 tsk salt, delt
- 4 kopper cherrytomater
- ½ tsk friskkværnet sort peber
- ½ kop revet parmesanost

Instruktioner:

Forvarm ovnen til 425°F. Tilsæt blomkål, 3 spsk olivenolie og ½ tsk salt til en stor skål og vend det jævnt. Lægges på en bageplade i et jævnt lag.

Tilsæt tomater, de resterende 3 spsk olivenolie og ½ tsk salt i en anden stor skål, og vend tomaterne jævnt rundt. Hæld ud på en anden bageplade. Sæt blomkål og tomatblade i ovnen for at bage i 17 til 20 minutter, indtil blomkålen er let brunet og tomaterne er fyldige.

Brug en spatel, kom blomkålen i et serveringsfad og top med tomater, sort peber og parmesanost. Serveres varm.

Næringsværdi (pr. 100g): 294 kalorier 14 g fedt 13 g kulhydrater 9 g protein 493 mg natrium

Bagt agern squash

Forberedelsestid: 10 minutter

Tid til at lave mad: 35 minutter

Portioner: 6

Sværhedsgrad: gennemsnitlig

Ingredienser:

- 2 agern squash, medium til stor
- 2 spsk ekstra jomfru olivenolie
- 1 tsk salt, plus mere til krydderier
- 5 spiseskefulde usaltet smør
- ¼ kop hakkede salvieblade
- 2 spsk friske timianblade
- ½ tsk friskkværnet sort peber

Instruktioner:

Forvarm ovnen til 400°F. Skær agern squash i halve på langs. Skrab frøene ud og skær dem vandret i ¾-tommer tykke skiver. I en stor skål, dryp olivenolie over squashen, drys med salt og vend til belægning.

Læg agern squashen på en bageplade. Læg i en bageplade i ovnen og bag zucchinien i 20 minutter. Vend zucchinien med en spatel og bag i yderligere 15 minutter.

Blødgør smørret i en mellemstor stegepande ved middel varme. Tilsæt salvie og timian til det smeltede smør og lad dem koge i 30 sekunder. Overfør de kogte zucchiniskiver til en tallerken. Hæld smør/urteblandingen over squashen. Smag til med salt og sort peber. Serveres varm.

Næringsværdi (pr. 100g): 188 kalorier 13 g fedt 16 g kulhydrater 1 g protein 836 mg natrium

Braiseret hvidløgsspinat

Forberedelsestid: 5 minutter
Tid til at lave mad: 10 minutter
Portioner: 4
Sværhedsgrad: let

Ingredienser:

- ¼ kop ekstra jomfru olivenolie
- 1 stort løg, skåret i tynde skiver
- 3 fed hvidløg, hakket
- 6 (1 pund) poser babyspinat, vasket
- ½ tsk salt
- 1 citron, skåret i skiver

Instruktioner:

Steg olivenolie, løg og hvidløg i en stor pande i 2 minutter ved middel varme. Tilsæt en pose spinat og ½ tsk salt. Dæk gryden til og lad spinaten visne i 30 sekunder. Gentag (udelad saltet), og tilsæt 1 pose spinat ad gangen.

Når du har tilføjet al spinaten, tager du låget af og koger i 3 minutter, og lader noget af væden fordampe. Serveres lun med citronskal på toppen.

Næringsværdi (pr. 100g): 301 kalorier 12 g fedt 29 g kulhydrater 17 g protein 639 mg natrium

Zucchini stuvet i hvidløg og mynte

Forberedelsestid: 5 minutter

Tid til at lave mad: 10 minutter

Portioner: 4

Sværhedsgrad: let

Ingredienser:

- 3 store grønne zucchini
- 3 spiseskefulde ekstra jomfru olivenolie
- 1 stort løg, hakket
- 3 fed hvidløg, hakket
- 1 tsk salt
- 1 tsk tørret mynte

Instruktioner:

Skær zucchini i ½ tomme tern. Kog olivenolie, løg og hvidløg i 3 minutter under konstant omrøring.

Tilsæt zucchini og salt til gryden og rør rundt for at kombinere med løg og hvidløg, kog i 5 minutter. Tilsæt mynten til gryden under omrøring for at kombinere. Kog i yderligere 2 minutter. Serveres varm.

Næringsværdi (pr. 100g): 147 kalorier 16 g fedt 12 g kulhydrater 4 g protein 723 mg natrium

Stuvet okra

Forberedelsestid: 55 minutter

Tid til at lave mad: 25 minutter

Portioner: 4

Sværhedsgrad: let

Ingredienser:

- ¼ kop ekstra jomfru olivenolie
- 1 stort løg, hakket
- 4 fed hvidløg, finthakket
- 1 tsk salt
- 1 pund frisk eller frossen okra, skrællet
- 1 (15 ounce) dåse almindelig tomatsauce
- 2 kopper vand
- ½ kop frisk koriander, finthakket
- ½ tsk friskkværnet sort peber

Instruktioner:

Bland og kog olivenolie, løg, hvidløg og salt i 1 minut. Rør okraen i og kog i 3 minutter.

Tilsæt tomatsauce, vand, koriander og sort peber; rør rundt, læg låg på og lad det koge i 15 minutter, mens der røres af og til. Serveres varm.

Næringsværdi (pr. 100g): 201 kalorier 6 g fedt 18 g kulhydrater 4 g protein 693 mg natrium

Søde peberfrugter fyldt med grøntsager

Forberedelsestid: 20 minutter

Tid til at lave mad: 30 minutter

Portioner: 6

Sværhedsgrad: gennemsnitlig

Ingredienser:

- 6 store peberfrugter, forskellige farver
- 3 spiseskefulde ekstra jomfru olivenolie
- 1 stort løg, hakket
- 3 fed hvidløg, hakket
- 1 gulerod, hakket
- 1 (16-ounce) dåse garbanzobønner, skyllet og drænet
- 3 kopper kogte ris
- 1½ tsk salt
- ½ tsk friskkværnet sort peber

Instruktioner:

Forvarm ovnen til 350°F. Sørg for at vælge peberfrugt, der kan stå oprejst. Skær hætten af peberfrugten og fjern frøene, og lad hætten stå til senere. Læg peberfrugterne i et ovnfast fad.

Varm olivenolie, løg, hvidløg og gulerod i 3 minutter. Rør garbanzo bønner i. Kog i yderligere 3 minutter. Tag gryden af varmen og hæld de kogte ingredienser i en stor skål. Tilsæt ris, salt og peber; smide at kombinere.

Fyld hver peberfrugt til toppen, og sæt derefter peberhætterne tilbage. Dæk bageformen med alufolie og bag i 25 minutter. Fjern folien og bag i yderligere 5 minutter. Serveres varm.

Næringsværdi (pr. 100g): 301 kalorier 15 g fedt 50 g kulhydrater 8 g protein 803 mg natrium

Aubergine moussaka

Forberedelsestid: 55 minutter

Tid til at lave mad: 40 minutter

Portioner: 6

Sværhedsgrad: Hårdt

Ingredienser:

- 2 større auberginer
- 2 tsk salt, delt
- Olivenolie spray
- ¼ kop ekstra jomfru olivenolie
- 2 store løg, skåret i skiver
- 10 fed hvidløg skåret i skiver
- 2 (15 ounce) dåser hakkede tomater
- 1 (16-ounce) dåse garbanzobønner, skyllet og drænet
- 1 tsk tørret oregano
- ½ tsk friskkværnet sort peber

Instruktioner:

Skær auberginen vandret i ¼-tommer tykke runder. Drys aubergineskiverne med 1 tsk salt og læg dem i et dørslag i 30 minutter.

Forvarm ovnen til 450°F. Dup aubergineskiverne tørre med et køkkenrulle og spray hver side med olivenoliespray eller beklæd hver side let med olivenolie.

Saml auberginen i et enkelt lag på en bageplade. Sæt i ovnen og bag i 10 minutter. Vend derefter skiverne med en spatel og bag i yderligere 10 minutter.

Sauter olivenolie, løg, hvidløg og de resterende 1 tsk salt. Kog i 5 minutter, rør af og til. Tilsæt tomater, garbanzobønner, oregano og sort peber. Kog i 12 minutter, rør af og til.

Brug en dyb ildfast fad, begynd at lægge lag, start med aubergine og derefter sauce. Gentag indtil alle ingredienser er brugt op. Bages i ovnen i 20 minutter. Tag ud af ovnen og server lun.

Næringsværdi (pr. 100g): 262 kalorier 11 g fedt 35 g kulhydrater 8 g protein 723 mg natrium

Drueblade fyldt med grøntsager

Forberedelsestid: 50 minutter

Tid til at lave mad: 45 minutter

Portioner: 8

Sværhedsgrad: gennemsnitlig

Ingredienser:

- 2 kopper hvide ris, skyllet
- 2 store tomater, fint skåret
- 1 stort løg finthakket
- 1 forårsløg, finthakket
- 1 kop frisk italiensk persille, finthakket
- 3 fed hvidløg, hakket
- 2½ teskefulde salt
- ½ tsk friskkværnet sort peber
- 1 (16 ounce) krukke drueblade
- 1 kop citronsaft
- ½ kop ekstra jomfru olivenolie
- 4 til 6 kopper vand

Instruktioner:

Bland ris, tomater, løg, grønne løg, persille, hvidløg, salt og sort peber. Dræn og skyl vindruebladene. Forbered en stor gryde ved at lægge et lag vinblade på bunden. Læg hvert blad fladt og klip eventuelle stængler af.

Læg 2 spiseskefulde af risblandingen i bunden af hvert blad. Fold over siderne, og rul derefter så stramt som muligt. Læg de rullede drueblade i gryden, opstil hvert rullet vinblad. Fortsæt med at arrangere de rullede drueblade.

Hæld forsigtigt citronsaft og olivenolie over vindruebladene og tilsæt nok vand til lige at dække druebladene med 1 tomme. Læg en tung tallerken, der er mindre end grydens åbning, på hovedet over vinbladene. Dæk gryden til og kog bladene ved middel-lav varme i 45 minutter. Lad stå i 20 minutter før servering. Serveres varm eller kold.

Næringsværdi (pr. 100g): 532 kalorier 15 g fedt 80 g kulhydrater 12 g protein 904 mg natrium

Grillede aubergineruller

Forberedelsestid: 30 minutter

Tid til at lave mad: 10 minutter

Portioner: 6

Sværhedsgrad: gennemsnitlig

Ingredienser:

- 2 større auberginer
- 1 tsk salt
- 4 ounce gedeost
- 1 kop ricotta
- ¼ kop frisk basilikum, finthakket
- ½ tsk friskkværnet sort peber
- Olivenolie spray

Instruktioner:

Skær toppen af auberginerne af og skær auberginerne på langs i ¼-tommer tykke skiver. Drys skiverne med salt og læg auberginen i et dørslag i 15 til 20 minutter.

Pisk gedeost, ricotta, basilikum og peber. Varm grill, grillpande eller let olieret pande op ved middel varme. Dup aubergineskiverne tørre og sprøjt let med olivenolie. Læg auberginen på grillen, grillpanden eller panden og steg i 3 minutter på hver side.

Tag auberginen af varmen og lad den køle af i 5 minutter. Til rullen lægges en skive aubergine fladt, læg en skefuld af osteblandingen i bunden af skiven og rul sammen. Server straks eller stil på køl indtil servering.

Næringsværdi (pr. 100g): 255 kalorier 7 g fedt 19 g kulhydrater 15 g protein 793 mg natrium

Sprøde zucchini-fritter

Forberedelsestid: 15 minutter

Tid til at lave mad: 20 minutter

Portioner: 6

Sværhedsgrad: let

Ingredienser:

- 2 store grønne zucchini
- 2 spsk italiensk persille, finthakket
- 3 fed hvidløg, hakket
- 1 tsk salt
- 1 kop mel
- 1 stort æg, pisket
- ½ kop vand
- 1 tsk bagepulver
- 3 kopper vegetabilsk eller avocadoolie

Instruktioner:

Riv zucchinien i en stor skål. Tilsæt persille, hvidløg, salt, mel, æg, vand og bagepulver i en skål og rør rundt. Opvarm olie til 365 ° F i en stor gryde eller frituregryde over medium-høj varme.

Hæld fritterdejen i den varme olie. Vend fritterne med en hulske og steg dem gyldenbrune, cirka 2 til 3 minutter. Dræn fritterne fra olien og læg dem på en tallerken beklædt med køkkenrulle. Serveres lun med Creamy Tzatziki eller Creamy Traditional Hummus som dip.

Næringsværdi (pr. 100g): 446 kalorier 2 g fedt 19 g kulhydrater 5 g protein 812 mg natrium

Tærter med spinatost

Forberedelsestid: 20 minutter
Tid til at lave mad: 40 minutter
Portioner: 8
Sværhedsgrad: Hårdt

Ingredienser:

- 2 spsk ekstra jomfru olivenolie
- 1 stort løg, hakket
- 2 fed hvidløg, hakket
- 3 (1 pund) poser babyspinat, vasket
- 1 kop fetaost
- 1 stort æg, pisket
- Plader af butterdej

Instruktioner:

Forvarm ovnen til 375°F. Varm olivenolie, løg og hvidløg op i 3 minutter. Tilsæt spinaten til panden en pose ad gangen, så den visner mellem hver pose. Kast med tangen. Kog i 4 minutter. Når spinaten er kogt, drænes den overskydende væske fra gryden.

I en stor skål blandes fetaost, æg og kogt spinat. Læg butterdejen fladt på arbejdsfladen. Skær dejen i 3-tommers firkanter. Læg en skefuld af spinatblandingen i midten af butterdejsfirkanten. Fold det ene hjørne af firkanten over til det diagonale hjørne, så du danner en trekant. Krymp tærtens kanter ved at trykke ned med spidserne af en gaffel for at bringe dem sammen. Gentag indtil alle firkanter er fyldt.

Læg tærterne på en bageplade beklædt med bagepapir og bag dem i 25 til 30 minutter, eller indtil de er gyldenbrune. Serveres lun eller ved stuetemperatur.

Næringsværdi (pr. 100g): 503 kalorier 6 g fedt 38 g kulhydrater 16 g protein 836 mg natrium

Agurksandwich bider

Forberedelsestid: 5 minutter

Tid til at lave mad: 0 minutter

Portioner: 12

Sværhedsgrad: let

Ingredienser:

- 1 agurk, skåret i skiver
- 8 skiver fuldkornsbrød
- 2 spsk flødeost, blød
- 1 spsk hakket purløg
- ¼ kop avocado, skrællet, udstenet og moset
- 1 tsk sennep
- Salt og sort peber efter smag

Instruktioner:

Fordel den mosede avocado på hver skive brød, fordel også de øvrige ingredienser undtagen agurkeskiverne.

Anret agurkeskiverne på brødskiverne, skær hver skive i tredjedele, anret på en tallerken og server som forret.

Næringsværdi (pr. 100g): 187 kalorier 12,4 g fedt 4,5 g kulhydrater 8,2 g protein 736 mg natrium

Yoghurt sauce

Forberedelsestid: 10 minutter

Tid til at lave mad: 0 minutter

Portioner: 6

Sværhedsgrad: let

Ingredienser:

- 2 kopper græsk yoghurt
- 2 spsk pistacienødder, ristet og hakket
- En knivspids salt og hvid peber
- 2 spsk hakket mynte
- 1 spsk Kalamata oliven, udstenede og hakkede
- ¼ kop zaatar krydderier
- ¼ kop granatæblekerner
- 1/3 kop olivenolie

Instruktioner:

Bland yoghurt med pistacienødder og andre ingredienser, pisk godt, del i små glas og server med pitachips ved siden af.

Næringsværdi (pr. 100g): 294 kalorier 18 g fedt 2 g kulhydrater 10 g protein 593 mg natrium

Tomat bruschetta

Forberedelsestid: 10 minutter
Tid til at lave mad: 10 minutter
Portioner: 6
Sværhedsgrad: let

Ingredienser:

- 1 baguette, skåret i skiver
- 1/3 kop hakket basilikum
- 6 tomater, skåret i tern
- 2 fed hvidløg, hakket
- En knivspids salt og sort peber
- 1 tsk olivenolie
- 1 spsk balsamicoeddike
- ½ tsk hvidløgspulver
- Madlavningsspray

Instruktioner:

Anret baguetteskiverne på en bageplade beklædt med bagepapir, beklæd den med madlavningsspray. Bages i 10 minutter ved 400 grader.

Bland tomaterne med basilikum og de resterende ingredienser, bland godt og stil til side i 10 minutter. Fordel tomatblandingen mellem hver skive baguette, anret det hele på et fad og server.

Næringsværdi (pr. 100g): 162 kalorier 4 g fedt 29 g kulhydrater 4 g protein 736 mg natrium

Tomater fyldt med oliven og ost

Forberedelsestid: 10 minutter

Tid til at lave mad: 0 minutter

Portioner: 24

Sværhedsgrad: let

Ingredienser:

- 24 cherrytomater, skåret toppen af og udhulet indeni
- 2 spsk olivenolie
- ¼ tsk rød peberflager
- ½ kop fetaost, smuldret
- 2 spsk sort olivenpasta
- ¼ kop revet mynte

Instruktioner:

Bland olivenpastaen i en skål med de øvrige ingredienser undtagen cherrytomater og pisk godt. Fyld cherrytomater med denne blanding, anret det hele på en tallerken og server som en forret.

Næringsværdi (pr. 100g): 136 kalorier 8,6 g fedt 5,6 g kulhydrater 5,1 g protein 648 mg natrium

Peber tapenade

Forberedelsestid: 10 minutter

Tid til at lave mad: 0 minutter

Portioner: 4

Sværhedsgrad: let

Ingredienser:

- 7 ounce ristet rød peber, hakket
- ½ kop parmesanost, revet
- 1/3 kop hakket persille
- 14 ounce artiskokker på dåse, drænet og hakket
- 3 spiseskefulde olivenolie
- ¼ kop kapers, drænet
- 1 og ½ spsk citronsaft
- 2 fed hvidløg, hakket

Instruktioner:

I en blender blandes rød peber med parmesanost og andre ingredienser og blandes godt. Fordel i kopper og server som snack.

Næringsværdi (pr. 100g): 200 kalorier 5,6 g fedt 12,4 g kulhydrater 4,6 g protein 736 mg natrium

Koriander falafel

Forberedelsestid: 10 minutter
Tid til at lave mad: 10 minutter
Portioner: 8
Sværhedsgrad: let

Ingredienser:

- 1 kop dåse garbanzo bønner
- 1 bundt persilleblade
- 1 gult løg hakket
- 5 fed hvidløg, hakket
- 1 tsk koriander, stødt
- En knivspids salt og sort peber
- ¼ tsk cayennepeber
- ¼ teskefuld bagepulver
- ¼ tsk spidskommen pulver
- 1 tsk citronsaft
- 3 spiseskefulde tapiokamel
- Olivenolie til stegning

Instruktioner:

Bland bønnerne med persille, løg og andre ingredienser undtagen olie og mel i en multifunktionsmixer og bland godt. Overfør blandingen til en skål, tilsæt mel, bland godt, form 16 kugler af denne blanding og flad dem lidt.

Varm gryden op på middel varme, tilsæt falaflerne, kog dem i 5 minutter på begge sider, læg dem på køkkenrulle, dræn det overskydende fedtstof, læg dem på en tallerken og server som forret.

Næringsværdi (pr. 100g): 122 kalorier 6,2 g fedt 12,3 g kulhydrater 3,1 g protein 699 mg natrium

Hummus med rød peber

Forberedelsestid: 10 minutter

Tid til at lave mad: 0 minutter

Portioner: 6

Sværhedsgrad: let

Ingredienser:

- 6 ounce ristet rød peber, skrællet og hakket
- 16 ounce dåse kikærter, drænet og skyllet
- ¼ kop græsk yoghurt
- 3 spiseskefulde tahini pasta
- Saft af 1 citron
- 3 fed hvidløg, hakket
- 1 spsk olivenolie
- En knivspids salt og sort peber
- 1 spsk hakket persille

Instruktioner:

I en foodprocessor, kom den røde peber sammen med de øvrige ingredienser undtagen olie og persille og bland godt. Tilsæt olie, puls igen, del i kopper, drys persille på toppen og server som et festpålæg.

Næringsværdi (pr. 100g): 255 kalorier 11,4 g fedt 17,4 g kulhydrater 6,5 g protein 593 mg natrium

Hvid bønnesauce

Forberedelsestid: 10 minutter
Tid til at lave mad: 0 minutter
Portioner: 4
Sværhedsgrad: let

Ingredienser:

- 15 ounce hvide bønner på dåse, drænet og skyllet
- 6 ounce artiskokhjerter på dåse, drænet og delt i kvarte
- 4 fed hvidløg, hakket
- 1 spsk hakket basilikum
- 2 spsk olivenolie
- Saft af ½ citron
- Skal af ½ citron, revet
- Salt og sort peber efter smag

Instruktioner:

I en foodprocessor blandes bønnerne godt sammen med artiskokkerne og de øvrige ingredienser undtagen olien og bønnerne. Tilsæt gradvist olien, bland igen, del i kopper og server som festsauce.

Næringsværdi (pr. 100g): 27 kalorier 11,7 g fedt 18,5 g kulhydrater 16,5 g protein 668 mg natrium

Hummus med hakket lam

Forberedelsestid: 10 minutter

Tid til at lave mad: 15 minutter

Portioner: 8

Sværhedsgrad: let

Ingredienser:

- 10 ounce hummus
- 12 ounce lam, malet
- ½ kop granatæblekerner
- ¼ kop hakket persille
- 1 spsk olivenolie
- Pitachips til servering

Instruktioner:

Forvarm gryden på middel varme, steg kødet og steg det i 15 minutter under jævnlig omrøring. Fordel hummusen på en tallerken, fordel det hakkede lammekød på, fordel også granatæblekerner og persille og server med pitachips som snack.

Næringsværdi (pr. 100g): 133 kalorier 9,7 g fedt 6,4 g kulhydrater 5,4 g protein 659 mg natrium

Aubergine sauce

Forberedelsestid: 10 minutter

Tid til at lave mad: 40 minutter

Portioner: 4

Sværhedsgrad: let

Ingredienser:

- 1 aubergine, prikket med en gaffel
- 2 spiseskefulde tahini pasta
- 2 spsk citronsaft
- 2 fed hvidløg, hakket
- 1 spsk olivenolie
- Salt og sort peber efter smag
- 1 spsk hakket persille

Instruktioner:

Læg auberginen i en bageform, bag ved 400 grader F i 40 minutter, afkøl, skræl og overfør til en multikoger. Bland de øvrige ingredienser undtagen persillen, bland godt, del i små skåle og server som forret med persille drysset på toppen.

Næringsværdi (pr. 100g): 121 kalorier 4,3 g fedt 1,4 g kulhydrater 4,3 g protein 639 mg natrium

Fritter med grøntsager

Forberedelsestid: 10 minutter
Tid til at lave mad: 10 minutter
Portioner: 8
Sværhedsgrad: let

Ingredienser:

- 2 fed hvidløg, hakket
- 2 hoveder af gule løg, hakket
- 4 forårsløg, hakket
- 2 gulerødder, revet
- 2 teskefulde spidskommen, malet
- ½ tsk gurkemejepulver
- Salt og sort peber efter smag
- ¼ tsk koriander, stødt
- 2 spsk hakket persille
- ¼ teskefuld citronsaft
- ½ kop mandelmel
- 2 rødbeder, skrællet og revet
- 2 æg, pisket
- ¼ kop tapiokamel
- 3 spiseskefulde olivenolie

Instruktioner:

Bland hvidløg med løg, forårsløg og andre ingredienser undtagen olie i en skål, bland godt og form mellemstore fritter af denne blanding.

Varm panden op på middel varme, sæt fritterne på, steg 5 minutter på hver side, anret på en bakke og server.

Næringsværdi (pr. 100g): 209 kalorier 11,2 g fedt 4,4 g kulhydrater 4,8 g protein 726 mg natrium

Bulgur lammefrikadeller

Forberedelsestid: 10 minutter

Tid til at lave mad: 15 minutter

Portioner: 6

Sværhedsgrad: let

Ingredienser:

- 1 og ½ kopper græsk yoghurt
- ½ tsk spidskommen, stødt
- 1 kop agurk, hakket
- ½ tsk hvidløg, hakket
- En knivspids salt og sort peber
- 1 kop bulgur
- 2 kopper vand
- 1 pund lam, stødt
- ¼ kop hakket persille
- ¼ kop skalotteløg, hakket
- ½ tsk allehånde, stødt
- ½ tsk kanelpulver
- 1 spsk olivenolie

Instruktioner:

Bland bulguren med vand, dæk skålen til, lad den stå i 10 minutter, dræn og kom den over i en skål. Tilsæt kød, yoghurt og andre ingredienser undtagen olie, bland godt og form mellemstore frikadeller af denne blanding. Varm gryden op på middel varme, kom frikadellerne, steg dem i 7 minutter på hver side, anret det hele på en tallerken og server som forret.

Næringsværdi (pr. 100g): 300 kalorier 9,6 g fedt 22,6 g kulhydrater 6,6 g protein 644 mg natrium

Agurkebid

Forberedelsestid: 10 minutter

Tid til at lave mad: 0 minutter

Portioner: 12

Sværhedsgrad: let

Ingredienser:

- 1 engelsk agurk, skåret i 32 omgange
- 10 ounce hummus
- 16 cherrytomater, halveret
- 1 spsk hakket persille
- 1 ounce fetaost, smuldret

Instruktioner:

Fordel hummus på hver omgang agurk, del tomathalvdele på hver, drys med ost og persille og server som forret.

Næringsværdi (pr. 100g): 162 kalorier 3,4 g fedt 6,4 g kulhydrater 2,4 g protein 702 mg natrium

Fyldt avocado

Forberedelsestid: 10 minutter

Tid til at lave mad: 0 minutter

Portioner: 2

Sværhedsgrad: let

Ingredienser:

- 1 avocado, halveret og udstenet
- 10 ounce tun på dåse, drænet
- 2 spsk soltørrede tomater, hakket
- 1 og ½ spsk basilikumpesto
- 2 spiseskefulde udstenede og hakkede sorte oliven
- Salt og sort peber efter smag
- 2 tsk pinjekerner, ristet og hakket
- 1 spsk hakket basilikum

Instruktioner:

Bland tunen med de soltørrede tomater og øvrige ingredienser undtagen avocadoen og bland. Top avocadohalvdelene med tunblandingen og server som forret.

Næringsværdi (pr. 100g): 233 kalorier 9 g fedt 11,4 g kulhydrater 5,6 g protein 735 mg natrium

Indpakkede blommer

Forberedelsestid: 5 minutter

Tid til at lave mad: 0 minutter

Portioner: 8

Sværhedsgrad: let

Ingredienser:

- 2 ounce prosciutto, skåret i 16 stykker
- 4 blommer skåret i kvarte
- 1 spsk hakket purløg
- En knivspids kværnet rød peber

Instruktioner:

Pak hver fjerdedel blomme ind i en skive prosciutto, læg det hele på en tallerken, drys purløg og peber over og server.

Næringsværdi (pr. 100g): 30 kalorier 1 g fedt 4 g kulhydrater 2 g protein 439 mg natrium

Marineret feta og artiskokker

Forberedelsestid: 10 minutter plus 4 timers tomgang

Tid til at lave mad: 10 minutter

Portioner: 2

Sværhedsgrad: let

Ingredienser:

- 4 ounce traditionel græsk feta, skåret i ½-tommers terninger
- 4 ounces drænede artiskokhjerter, delt i kvarte på langs
- 1/3 kop ekstra jomfru olivenolie
- Skal og saft af 1 citron
- 2 spsk grofthakket frisk rosmarin
- 2 spsk grofthakket frisk persille
- ½ tsk sorte peberkorn

Instruktioner:

Bland feta og artiskokhjerter i en glasskål. Tilsæt olivenolie, citronskal og -saft, rosmarin, persille og peberkorn og vend forsigtigt rundt, og pas på ikke at bryde fetaen i stykker.

Stil på køl i 4 timer eller op til 4 dage. Tag ud af køleskabet 30 minutter før servering.

Næringsværdi (pr. 100g): 235 kalorier 23 g fedt 1 g kulhydrater 4 g protein 714 mg natrium

Tun kroketter

Forberedelsestid: 40 minutter plus timer til nat til afkøling
Tid til at lave mad: 25 minutter
Portioner: 36
Sværhedsgrad: Hårdt

Ingredienser:

- 6 spiseskefulde ekstra jomfru olivenolie, plus 1 til 2 kopper
- 5 spiseskefulde mandelmel, plus 1 kop, delt
- 1¼ kopper tung fløde
- 1 (4 ounce) dåse gulfinnet tun pakket i olivenolie
- 1 spsk hakket rødløg
- 2 tsk stødt kapers
- ½ tsk tørret dild
- ¼ teskefuld friskkværnet sort peber
- 2 store æg
- 1 kop panko brødkrummer (eller glutenfri version)

Instruktioner:

Opvarm 6 spiseskefulde olivenolie i en stor stegepande over medium-lav varme. Tilsæt 5 spiseskefulde mandelmel og kog under konstant omrøring, indtil der dannes en glat pasta, og melet er let brunet, 2 til 3 minutter.

Vælg medium-høj varme og rør gradvist den tunge fløde i, under konstant omrøring, indtil blandingen er helt glat og fortykket, yderligere 4 til 5 minutter. Fjern og tilsæt tun, rødløg, kapers, dild og peber.

Overfør blandingen til en 8-tommer firkantet bradepande, som du har belagt godt med olivenolie og bring til stuetemperatur. Pakk ind og stil på køl i 4 timer eller op til natten over. Placer tre skåle til at forme kroketterne. Pisk æggene i ét. I det andet tilsættes det resterende mandelmel. Tilføj panko til den tredje. Dæk bagepladen med bagepapir.

Hæld cirka en spiseskefuld af den kolde tilberedte dej ned i melblandingen og rul til belægning. Ryst det overskydende af og rul til en oval med hænderne.

Dyp kroketten i sammenpisket æg, og dæk den let med panko. Læg på en beklædt bageplade og gentag med den resterende dej.

I en lille gryde opvarmes de resterende 1 til 2 kopper olivenolie over medium-høj varme.

Når olien er varm, steges kroketterne 3 eller 4 ad gangen, afhængigt af pandens størrelse, og fjern dem med en hulske, når de er gyldenbrune. Du bliver nødt til at justere olietemperaturen med jævne mellemrum for at forhindre forbrænding. Hvis kroketterne bruner meget hurtigt, skal du reducere temperaturen.

Næringsværdi (pr. 100g): 245 kalorier 22 g fedt 1 g kulhydrater 6 g protein 801 mg natrium

Røget laks Crudités

Forberedelsestid: 10 minutter
Tid til at lave mad: 15 minutter
Portioner: 4
Sværhedsgrad: let

Ingredienser:

- 6 ounce røget vild laks
- 2 spsk ristet hvidløg Aioli
- 1 spsk dijonsennep
- 1 spsk hakket spidskål, kun grønne dele
- 2 tsk hakkede kapers
- ½ tsk tørret dild
- 4 endiviespyd eller hjerter af romaine
- ½ engelsk agurk, skåret i ¼-tommer tykke runder

Instruktioner:

Hak den røgede laks groft og kom den over i en lille skål. Tilsæt aioli, dijon, forårsløg, kapers og dild og bland godt. Top endiviespydene og agurkene med en skefuld af røget lakseblanding og nyd afkølet.

Næringsværdi (pr. 100g): 92 kalorier 5 g fedt 1 g kulhydrater 9 g protein 714 mg natrium

Oliven marineret med citrus

Forberedelsestid: 4 timer

Tid til at lave mad: 0 minutter

Portioner: 2

Sværhedsgrad: let

Ingredienser:

- 2 kopper blandede grønne udstenede oliven
- ¼ kop rødvinseddike
- ¼ kop ekstra jomfru olivenolie
- 4 fed hvidløg, finthakket
- Skal og saft af 1 stor appelsin
- 1 tsk røde peberflager
- 2 laurbærblade
- ½ tsk stødt spidskommen
- ½ tsk stødt allehånde

Instruktioner:

Bland oliven, eddike, olie, hvidløg, appelsinskal og saft, rød peberflager, laurbærblad, spidskommen og allehånde i og bland godt. Dæk til og stil på køl i 4 timer eller op til en uge for at tillade oliven at marinere, vend igen før servering.

Næringsværdi (pr. 100g): 133 kalorier 14 g fedt 2 g kulhydrater 1 g protein 714 mg natrium

Oliventapenade med ansjoser

Forberedelsestid: 1 time og 10 minutter

Tid til at lave mad: 0 minutter

Portioner: 2

Sværhedsgrad: gennemsnitlig

Ingredienser:

- 2 kopper udstenede Kalamata oliven eller andre sorte oliven
- 2 ansjosfileter, hakket
- 2 tsk hakkede kapers
- 1 fed hvidløg, finthakket
- 1 kogt æggeblomme
- 1 tsk dijonsennep
- ¼ kop ekstra jomfru olivenolie
- Søde kiks, diverse rund sandwich eller grøntsager, til servering (valgfrit)

Instruktioner:

Vask oliven i koldt vand og dryp dem godt af. Kom drænede oliven, ansjoser, kapers, hvidløg, æggeblomme og dijon i en foodprocessor, blender eller et stort glas (hvis du bruger en stavblender). Behandl indtil en tyk pasta dannes. Mens den kører, hældes olivenolien gradvist i.

Overfør til en lille skål, dæk til og stil på køl i mindst 1 time, så smagen kan udvikle sig. Server med kiksede kiks, ovenpå en alsidig omgang sandwich eller med dine yndlingssprøde grøntsager.

Næringsværdi (pr. 100g): 179 kalorier 19 g fedt 2 g kulhydrater 2 g protein 82 mg natrium

Græske djævleæg

Forberedelsestid: 45 minutter

Tid til at lave mad: 15 minutter

Portioner: 4

Sværhedsgrad: let

Ingredienser:

- 4 store hårdkogte æg
- 2 spsk ristet hvidløg Aioli
- ½ kop fint smuldret fetaost
- 8 finthakkede udstenede Kalamata-oliven
- 2 spsk hakkede tørrede tomater
- 1 spsk hakket rødløg
- ½ tsk tørret dild
- ¼ teskefuld friskkværnet sort peber

Instruktioner:

Skær de hårdkogte æg i halve på langs, fjern blommerne og læg dem i en mellemstor skål. Gem halvdelen af æggehviderne og stil til side. Mos æggeblommerne godt med en gaffel. Tilsæt aioli, feta, oliven, soltørrede tomater, løg, dild og peber og bland indtil blandingen er jævn og cremet.

Hæld fyldet i hver æggehvidehalvdel og stil det på køl, tildækket, i 30 minutter eller op til 24 timer.

Næringsværdi (pr. 100g): 147 kalorier 11 g fedt 6 g kulhydrater 9 g protein 736 mg natrium

Manchego kiks

Forberedelsestid: 1 time og 15 minutter

Tid til at lave mad: 15 minutter

Portioner: 20

Sværhedsgrad: Hårdt

Ingredienser:

- 4 spsk smør, stuetemperatur
- 1 kop finthakket Manchego ost
- 1 kop mandelmel
- 1 tsk salt, delt
- ¼ teskefuld friskkværnet sort peber
- 1 stort æg

Instruktioner:

Brug en elektrisk mixer til at blende smør og revet ost, indtil det er godt blandet og glat. Bland mandelmelet med ½ tsk salt og peber. Vend gradvist mandelmelblandingen ind i osten under konstant omrøring, indtil dejen samles i en kugle.

Placer et stykke pergament eller plastfolie og rul det til en bjælke, der er cirka 1½ tommer tyk. Forsegl tæt og frys derefter i mindst 1 time. Forvarm ovnen til 350°F. Læg bagepapir eller silikone bagemåtter i 2 bageplader.

Til ægvask blandes ægget og den resterende ½ tsk salt. Skær den afkølede dej i små runder, cirka ¼ tomme tykke, og læg den på beklædte bageplader.

Pensl toppen af kiksene med æg og bag dem, indtil kiksene er gyldenbrune og sprøde. Sæt på en rist til afkøling.

Serveres varm eller, når den er helt afkølet, opbevares den i en lufttæt beholder i køleskabet i op til 1 uge.

Næringsværdi (pr. 100g): 243 kalorier 23 g fedt 1 g kulhydrater 8 g protein 804 mg natrium

Burrata Caprese stak

Forberedelsestid: 5 minutter

Tid til at lave mad: 0 minutter

Portioner: 4

Sværhedsgrad: let

Ingredienser:

- 1 stor økologisk tomat, gerne arvestykke
- ½ tsk salt
- ¼ teskefuld friskkværnet sort peber
- 1 (4 ounce) kugle burrata ost
- 8 blade frisk basilikum, skåret i tynde skiver
- 2 spsk ekstra jomfru olivenolie
- 1 spsk rødvin eller balsamicoeddike

Instruktioner:

Skær tomaten i 4 tykke skiver, fjern den seje centrale kerne og drys med salt og peber. Læg tomaterne med den krydrede side opad på en tallerken. Skær burrataen i 4 tykke skiver på en separat plade, og læg en skive oven på hver tomatskive. Drys hver med en fjerdedel af basilikum og top med enhver af de reserverede burrata-creme fra den kantede tallerken.

Dryp med olivenolie og eddike og server med en gaffel og kniv.

Næringsværdi (pr. 100g): 153 kalorier 13 g fedt 1 g kulhydrater 7 g protein 633 mg natrium

Zucchini og ricotta fritter med citron og hvidløg aioli

Forberedelsestid: 10 minutter plus 20 minutters hvile
Tid til at lave mad: 25 minutter
Portioner: 4
Sværhedsgrad: Hårdt

Ingredienser:

- 1 stor eller 2 små/mellem zucchini
- 1 tsk salt, delt
- ½ kop sødmælk ricottaost
- 2 forårsløg
- 1 stort æg
- 2 fed hvidløg, finthakket
- 2 spsk hakket frisk mynte (valgfrit)
- 2 tsk revet citronskal
- ¼ teskefuld friskkværnet sort peber
- ½ kop mandelmel
- 1 tsk bagepulver
- 8 spiseskefulde ekstra jomfru olivenolie
- 8 spsk ristet hvidløg Aioli eller mayonnaise med avocadoolie

Instruktioner:

Læg de skivede zucchini i et dørslag eller på flere lag køkkenrulle. Drys med ½ tsk salt og lad det stå i 10 minutter. Brug et andet lag køkkenrulle til at presse zucchinien for at frigive overskydende fugt og dup den tør. Rør drænet zucchini, ricotta, spidskål, æg, hvidløg, mynte (hvis du bruger), citronskal, resterende ½ tsk salt og peber i.

Bland mandelmel og bagepulver. Bland melblandingen i zucchiniblandingen og lad den hvile i 10 minutter. I en stor pande, arbejder i fire dele, steg fritterne. For hver batch af fire opvarmes 2 spsk olivenolie over medium-høj varme. Tilsæt 1 spiseskefuld courgettedej pr. fritte, tryk med bagsiden af en ske for at danne 2- til 3-tommers fritter. Dæk dem til og lad dem stege i 2 minutter, inden de vendes. Steg i yderligere 2 til 3 minutter, tildækket, eller indtil de er sprøde og gyldne og gennemstegte. Du skal muligvis reducere varmen til medium for at forhindre, at den brænder på. Fjern fra beholderen og hold varm.

Gentag for de resterende tre sektioner, og brug 2 spiseskefulde olivenolie til hver sektion. Server fritterne lune med aioli.

Næringsværdi (pr. 100g): 448 kalorier 42 g fedt 2 g kulhydrater 8 g protein 744 mg natrium

Agurker fyldt med laks

Forberedelsestid: 10 minutter

Tid til at lave mad: 0 minutter

Portioner: 4

Sværhedsgrad: let

Ingredienser:

- 2 store agurker, skrællede
- 1 (4 ounce) dåse rød laks
- 1 medium meget moden avocado
- 1 spsk ekstra jomfru olivenolie
- Skal og saft af 1 lime
- 3 spiseskefulde hakket frisk koriander
- ½ tsk salt
- ¼ teskefuld friskkværnet sort peber

Instruktioner:

Skær agurken i 1 tomme tykke segmenter og brug en ske til at skrabe frøene ud fra midten af hvert segment og læg dem på en tallerken. Kombiner laks, avocado, olivenolie, limeskal og -saft, koriander, salt og peber i en mellemstor skål, og bland indtil cremet.

Hæld lakseblandingen ind i midten af hvert agurksegment og server afkølet.

Næringsværdi (pr. 100g): 159 kalorier 11 g fedt 3 g kulhydrater 9 g protein 739 mg natrium

Gedeost og makrelpostej

Forberedelsestid: 10 minutter

Tid til at lave mad: 0 minutter

Portioner: 4

Sværhedsgrad: let

Ingredienser:

- 4 oz olivenolie fyldt vildfanget makrel
- 2 ounce gedeost
- Skal og saft af 1 citron
- 2 spsk hakket frisk persille
- 2 spsk hakket frisk rucola
- 1 spsk ekstra jomfru olivenolie
- 2 tsk hakkede kapers
- 1 til 2 teskefulde frisk peberrod (valgfrit)
- Kiks, agurkeringe, endivie eller selleri, til servering (valgfrit)

Instruktioner:

Kombiner makrel, gedeost, citronskal og -saft, persille, rucola, olivenolie, kapers og peberrod (hvis du bruger det) i en foodprocessor, blender eller en stor skål med en dyppeblender. Bearbejd eller blend indtil glat og cremet.

Server med kiks, agurkeringe, endivie eller selleri. Opbevares tildækket i køleskabet i op til 1 uge.

Næringsværdi (pr. 100g): 118 kalorier 8 g fedt 6 g kulhydrater 9 g protein 639 mg natrium

Smagen af middelhavsfedtbomber

Forberedelsestid: 4 timer og 15 minutter

Tid til at lave mad: 0 minutter

Portioner: 6

Sværhedsgrad: gennemsnitlig

Ingredienser:

- 1 kop smuldret gedeost
- 4 spiseskefulde pesto i glas
- 12 finthakkede udstenede Kalamata-oliven
- ½ kop finthakkede valnødder
- 1 spsk hakket frisk rosmarin

Instruktioner:

Pisk gedeost, pesto og oliven i en mellemstor skål og bland det godt med en gaffel. Frys i 4 timer for at hærde.

Brug dine hænder til at forme blandingen til 6 kugler på cirka ¾ tomme i diameter. Blandingen vil være klistret.

Læg valnødder og rosmarin i en lille skål og rul gedeostkuglerne i nøddeblandingen til overtræk. Opbevar fedtbomber i køleskabet i op til 1 uge eller i fryseren i op til 1 måned.

Næringsværdi (pr. 100g): 166 kalorier 15 g fedt 1 g kulhydrater 5 g protein 736 mg natrium

Avocado gazpacho

Forberedelsestid: 15 minutter

Tid til at lave mad: 10 minutter

Portioner: 4

Sværhedsgrad: let

Ingredienser:

- 2 kopper hakkede tomater
- 2 store modne avocadoer, halveret og udstenet
- 1 stor agurk, skrællet og kernet
- 1 mellemstor peberfrugt (rød, orange eller gul), hakket
- 1 kop almindelig græsk yoghurt lavet af sødmælk
- ¼ kop ekstra jomfru olivenolie
- ¼ kop hakket frisk koriander
- ¼ kop hakket spidskål, kun den grønne del
- 2 spsk rødvinseddike
- Saft af 2 lime eller 1 citron
- ½ til 1 tsk salt
- ¼ teskefuld friskkværnet sort peber

Instruktioner:

Brug en stavblender til at blende tomater, avocado, agurk, peberfrugt, yoghurt, olivenolie, koriander, spidskål, eddike og limesaft. Blend indtil glat.

Smag til og blend for at kombinere smagene. Serveres koldt.

Næringsværdi (pr. 100g): 392 kalorier 32 g fedt 9 g kulhydrater 6 g protein 694 mg natrium

Krabbe salat kopper

Forberedelsestid: 35 minutter
Tid til at lave mad: 20 minutter
Portioner: 4
Sværhedsgrad: gennemsnitlig

Ingredienser:

- 1 pund jumbo klump krabbe
- 1 stort æg
- 6 skeer ristet hvidløg Aioli
- 2 spsk dijonsennep
- ½ kop mandelmel
- ¼ kop hakket rødløg
- 2 teskefulde røget paprika
- 1 tsk sellerisalt
- 1 tsk hvidløgspulver
- 1 tsk tørret dild (valgfrit)
- ½ tsk friskkværnet sort peber
- ¼ kop ekstra jomfru olivenolie
- 4 store blade Bibb-salat, uden tykke pigge

Instruktioner:

Læg krabbekødet i en stor skål og fjern eventuelle synlige skaller, og træk derefter kødet fra hinanden med en gaffel. I en lille skål blandes ægget, 2 spsk aioli og dijonsennep. Tilsæt krabbekødet og bland med en gaffel. Tilsæt mandelmel, rødløg, paprika, sellerisalt, hvidløgspulver, dild (hvis du bruger) og peber og bland godt. Lad det stå ved stuetemperatur i 10 til 15 minutter.

Form til 8 små småkager, cirka 2 tommer i diameter. Varm olivenolien op ved middel varme. Steg kagerne, indtil de er gyldenbrune, 2 til 3 minutter på hver side. Pakk ind, reducer varmen til lav, og kog i yderligere 6 til 8 minutter, eller indtil den er sat i midten. Fjern fra panden.

Til servering skal du pakke 2 små krabbekager ind i hvert salatblad og top med 1 spsk aioli.

Næringsværdi (pr. 100g): 344 kalorier 24 g fedt 2 g kulhydrater 24 g protein 804 mg natrium

Appelsin og estragon kyllingesalat

Forberedelsestid: 15 minutter

Tid til at lave mad: 0 minutter

Portioner: 4

Sværhedsgrad: let

Ingredienser:

- ½ kop almindelig sødmælk græsk yoghurt
- 2 spsk dijonsennep
- 2 spsk ekstra jomfru olivenolie
- 2 spsk frisk estragon
- ½ tsk salt
- ¼ teskefuld friskkværnet sort peber
- 2 kopper kogt skiveskåret kylling
- ½ kop hakkede mandler
- 4 til 8 store Bibb-salatblade, uden trævlede stængler
- 2 små modne avocadoer, skrællet og skåret i tynde skiver
- Skal af 1 clementin eller ½ lille appelsin (ca. 1 spsk)

Instruktioner:

I en mellemstor skål kombineres yoghurt, sennep, olivenolie, estragon, appelsinskal, salt og peber og piskes til cremet. Tilsæt den snittede kylling og mandler og vend til belægning.

For at samle wrapsene skal du placere cirka ½ kop af kyllingesalatblandingen i midten af hvert salatblad og top med en skiveskåret avocado.

Næringsværdi (pr. 100g): 440 kalorier 32 g fedt 8 g kulhydrater 26 g protein 607 mg natrium

Svampe fyldt med feta og quinoa

Forberedelsestid: 5 minutter

Tid til at lave mad: 8 minutter

Portioner: 6

Sværhedsgrad: gennemsnitlig

Ingredienser:

- 2 spsk finthakket rød peber
- 1 fed hvidløg, hakket
- ¼ kop kogt quinoa
- 1/8 tsk salt
- ¼ teskefuld tørret oregano
- 24 champignoner med stængler
- 2 ounce smuldret feta
- 3 spsk fuldkornsbrødkrummer
- Olivenolie madlavningsspray

Instruktioner:

Forvarm frituregryden til 360°F. I en lille skål blandes paprika, hvidløg, quinoa, salt og oregano. Hæld quinoafyldet i svampehætterne, indtil de er fyldte. Læg et lille stykke feta på toppen af hver svamp. Drys hver feta-svamp med en knivspids rasp.

Beklæd friturekurven med olivenolie-spray, og læg derefter forsigtigt svampene i kurven, og sørg for, at de ikke rører ved hinanden.

Læg kurven i frituregryden og bag i 8 minutter. Fjern fra frituregryden og server.

Næringsværdi (pr. 100g): 97 kalorier 4 g fedt 11 g kulhydrater 7 g protein 677 mg natrium

Fem-ingrediens falafel med hvidløg og yoghurtsauce

Forberedelsestid: 5 minutter

Tid til at lave mad: 15 minutter

Portioner: 4

Sværhedsgrad: Hårdt

Ingredienser:

- <u>Til falafel</u>
- 1 (15 ounce) dåse kikærter, drænet og skyllet
- ½ kop frisk persille
- 2 fed hvidløg, hakket
- ½ skefuld stødt spidskommen
- 1 spsk fuldkornshvedemel
- Salt
- <u>Til hvidløg og yoghurtsauce</u>
- 1 kop fedtfattig græsk yoghurt
- 1 fed hvidløg, hakket
- 1 spsk hakket frisk dild
- 2 spsk citronsaft

Instruktioner:

At lave falafel

Forvarm frituregryden til 360°F. Læg kikærterne i multifunktionsprocessoren. Ælt til det meste er hakket, tilsæt derefter persille, hvidløg og spidskommen og bland i et par minutter mere, indtil ingredienserne bliver til en dej.

Tilsæt mel. Puls et par gange mere indtil kombineret. Dejen får konsistens, men kikærterne skal pulseres i små stykker. Brug rene hænder til at rulle dejen til 8 lige store kugler, og dup kuglerne let, så de er ca. ½ tykke skiver.

Læg friturekurven i madlavningsspray med olivenolie, og læg derefter falafelbøfferne i kurven i et enkelt lag, og sørg for, at de ikke rører ved hinanden. Steg i en frituregryde i 15 minutter.

Til fremstilling af hvidløg og yoghurtsauce

Bland yoghurt, hvidløg, dild og citronsaft. Når falaflerne er klar og godt brunet på alle sider, tages de ud af frituregryden og saltet tilsættes. Serveres varm ved siden af med dipsaucen.

Næringsværdi (pr. 100g): 151 kalorier 2 g fedt 10 g kulhydrater 12 g protein 698 mg natrium

Citronrejer med hvidløg og olivenolie

Forberedelsestid: 5 minutter

Tid til at lave mad: 6 minutter

Portioner: 4

Sværhedsgrad: gennemsnitlig

Ingredienser:

- 1 pund mellemstore rejer, renset og afveget
- ¼ kop plus 2 spsk olivenolie, delt
- Saft af ½ citron
- 3 fed hvidløg, hakket og delt
- ½ tsk salt
- ¼ tsk rød peberflager
- Citronskiver, til servering (valgfrit)
- Marinara sauce, til dypning (valgfrit)

Instruktioner:

Forvarm frituregryden til 380°F. Bland 2 spiseskefulde olivenolie, citronsaft, 1/3 hakket hvidløg, salt og rød peberflager i rejerne og dæk dem godt.

Bland den resterende ¼ kop olivenolie og resten af det hakkede hvidløg i et lille ovnfad. Riv et 12 x 12 tommer ark aluminiumsfolie af. Placer rejerne i midten af folien, fold derefter siderne op og saml kanterne for at danne en aluminiumsfolieskål, der er åben i toppen. Læg denne pakke i friturekurven.

Steg rejerne i 4 minutter, åbn derefter frituregryden og læg ramekinen med olie og hvidløg i kurven ved siden af rejepakken. Kog i yderligere 2 minutter. Overfør rejerne til en serveringsfad eller et fad med en ramekin hvidløg olivenolie på siden til dypning. Hvis det ønskes, kan du også servere det med skiver af citron og marinara sauce.

Næringsværdi (pr. 100g): 264 kalorier 21 g fedt 10 g kulhydrater 16 g protein 473 mg natrium

Sprøde pommes frites med citron og yoghurtsauce

Forberedelsestid: 5 minutter
Tid til at lave mad: 5 minutter
Portioner: 4
Sværhedsgrad: gennemsnitlig

Ingredienser:

- <u>Til bælg</u>
- 1 æg
- 2 spsk vand
- 1 spsk fuldkornshvedemel
- ¼ tsk paprika
- ½ tsk hvidløgspulver
- ½ tsk salt
- ¼ kop fuldkornsbrødkrummer
- ½ pund hele grønne bønner
- <u>Til citron- og yoghurtsaucen</u>
- ½ kop fedtfri græsk yoghurt
- 1 spiseskefuld citronsaft
- ¼ teskefuld salt
- 1/8 tsk cayennepeber

Retning:

Til fremstilling af grønne bælg

Forvarm frituregryden til 380°F.

Pisk æg og vand sammen i en mellemstor, lav skål, indtil det er skummende. Bland mel, paprika, hvidløgspulver og salt i en separat mellemstor skål, og bland derefter brødkrummerne i.

Beklæd bunden af frituregryden med madlavningsspray. Dyp hver bælg i æggeblandingen og derefter i brødkrummeblandingen, og beklæd ydersiden med krummerne. Læg de grønne bønner i et enkelt lag i bunden af friturekurven.

Friter i 5 minutter eller indtil paneringen er gyldenbrun.

Til fremstilling af citron- og yoghurtsauce

Rør yoghurt, citronsaft, salt og cayenne i. Server grønne bønnefritter med citron- og yoghurtsauce som snack eller forret.

Næringsværdi (pr. 100g): 88 kalorier 2 g fedt 10 g kulhydrater 7 g protein 697 mg natrium

Hjemmelavede Sea Salt Pie Chips

Forberedelsestid: 2 minutter

Tid til at lave mad: 8 minutter

Portioner: 2

Sværhedsgrad: let

Ingredienser:

- 2 fuldkornstærter
- 1 spsk olivenolie
- ½ tsk kosher salt

Instruktioner

Forvarm frituregryden til 360°F. Skær hver tærte i 8 skiver. I en mellemstor skål, smid pitabrødskiverne, olivenolie og salt, indtil skiverne er dækket, og olivenolien og saltet er jævnt fordelt.

Læg pita-skiverne i friturekurven i et jævnt lag og steg i 6 til 8 minutter.

Hvis det ønskes, tilsæt yderligere salt. Server alene eller med din yndlingssauce.

Næringsværdi (pr. 100g): 230 kalorier 8 g fedt 11 g kulhydrater 6 g protein 810 mg natrium

Bagt Spanakopita Dip

Forberedelsestid: 10 minutter

Tid til at lave mad: 15 minutter

Portioner: 2

Sværhedsgrad: gennemsnitlig

Ingredienser:

- Olivenolie madlavningsspray
- 3 spsk olivenolie, delt
- 2 spsk hakket hvidløg
- 2 fed hvidløg, hakket
- 4 kopper frisk spinat
- 4 ounce flødeost, blødgjort
- 4 ounces fetaost, delt
- Skal af 1 citron
- ¼ tsk stødt muskatnød
- 1 tsk tørret dild
- ½ tsk salt
- Pitachips, gulerodsstænger eller skiveskåret brød til servering (valgfrit)

Instruktioner:

Forvarm frituregryden til 360°F. Beklæd indersiden af en 6-tommers ramekin eller bageplade med olivenolie madlavningsspray.

Opvarm 1 spsk olivenolie i en stor stegepande over medium varme. Tilsæt løg og steg i 1 minut. Tilsæt hvidløg og kog under omrøring i yderligere 1 minut.

Reducer varmen og rør spinat og vand i. Kog indtil spinaten visner. Tag gryden af varmen. I en mellemstor skål, slå flødeost, 2 ounce feta og resterende olivenolie, citronskal, muskatnød, dild og salt. Bland indtil kombineret.

Tilsæt grøntsagerne til ostebunden og bland indtil de er blandet. Hæld dyppeblandingen i den forberedte ramekin og drys med de resterende 2 ounces fetaost.

Læg saucen i friturekurven og kog i 10 minutter, eller indtil den er gennemvarmet og bobler. Server med pitachips, gulerodsstænger eller skiveskåret brød.

Næringsværdi (pr. 100g): 550 kalorier 52 g fedt 21 g kulhydrater 14 g protein 723 mg natrium

Bagt perleløgsauce

Forberedelsestid: 5 minutter

Tid til at lave mad: 12 minutter plus 1 time til afkøling

Portioner: 4

Sværhedsgrad: gennemsnitlig

Ingredienser:

- 2 kopper pillede perleløg
- 3 fed hvidløg
- 3 spsk olivenolie, delt
- ½ tsk salt
- 1 kop fedtfattig græsk yoghurt
- 1 spiseskefuld citronsaft
- ¼ teskefuld sort peber
- 1/8 tsk rød peberflager
- Pitachips, grøntsager eller ristet brød til servering (valgfrit)

Instruktioner:

Forvarm frituregryden til 360°F. I en stor skål, smid perleløg og hvidløg med 2 spsk olivenolie, indtil løgene er godt belagt.

Hæld hvidløgs- og løgblandingen i friturekurven og steg i 12 minutter. Kom hvidløg og løg i en foodprocessor. Blend grøntsagerne et par gange, indtil løget er hakket, men stadig har bidder.

Tilsæt hvidløg og løg og den resterende 1 spsk olivenolie sammen med salt, yoghurt, citronsaft, sort peber og rød peberflager. Stil på køl i 1 time før servering med pitabrød, grøntsager eller ristet brød.

Næringsværdi (pr. 100g): 150 kalorier 10 g fedt 6 g kulhydrater 7 g protein 693 mg natrium

Rød peber tapenade

Forberedelsestid: 5 minutter

Tid til at lave mad: 5 minutter

Portioner: 4

Sværhedsgrad: gennemsnitlig

Ingredienser:

- 1 stor rød peberfrugt
- 2 spiseskefulde plus 1 tsk olivenolie
- ½ kop Kalamata oliven, udstenede og groft hakket
- 1 fed hvidløg, hakket
- ½ tsk tørret oregano
- 1 spiseskefuld citronsaft

Instruktioner:

Forvarm frituregryden til 380°F. Beklæd ydersiden af den hele røde peber med 1 tsk olivenolie og læg den i friturekurven. Bages i 5 minutter. I mellemtiden blandes de resterende 2 spiseskefulde olivenolie i en mellemstor skål med oliven, hvidløg, oregano og citronsaft.

Fjern den røde peber fra frituregryden, skær derefter forsigtigt stilken af og fjern frøene. Hak den ristede peber i små stykker.

Tilsæt den røde peber til olivenblandingen og bland alt sammen indtil det er blandet. Server med pita-chips, kiks eller sprødt brød.

Næringsværdi (pr. 100g): 104 kalorier 10 g fedt 9 g kulhydrater 1 g protein 644 mg natrium

Græske kartoffelskind med oliven og feta

Forberedelsestid: 5 minutter

Tid til at lave mad: 45 minutter

Portioner: 4

Sværhedsgrad: Hårdt

Ingredienser:

- 2 røde kartofler
- 3 spiseskefulde olivenolie
- 1 tsk kosher salt, delt
- ¼ teskefuld sort peber
- 2 spsk frisk koriander
- ¼ kop Kalamata oliven, skåret i tern
- ¼ kop smuldret feta
- Frisk hakket persille, til pynt (valgfrit)

Instruktioner:

Forvarm frituregryden til 380°F. Prik 2 til 3 huller i kartoflerne med en gaffel, og pensl derefter hver af dem med cirka ½ spsk olivenolie og ½ tsk salt.

Læg kartoflerne i friturekurven og bag dem i 30 minutter. Tag kartoflerne ud af frituregryden og skær dem i halve. Skrab kødet af kartoflerne med en ske, efterlad et ½-tommer lag kartoffel inde i skindet, og sæt skindet til side.

I en mellemstor skål, smid de udhulede kartoffelcentre med de resterende 2 spsk olivenolie, ½ tsk salt, sort peber og koriander. Bland indtil godt blandet. Fordel kartoffelfyldet i de nu tomme kartoffelskind, og fordel det jævnt over dem. Læg en skefuld oliven og feta på hver kartoffel.

Læg de fyldte kartoffelskaller tilbage i frituregryden og bag dem i 15 minutter. Server med yderligere hakket koriander eller persille og lidt olivenolie, hvis det ønskes.

Næringsværdi (pr. 100g): 270 kalorier 13 g fedt 34 g kulhydrater 5 g protein 672 mg natrium

Artiskok og oliven fladbrødstærte

Forberedelsestid: 5 minutter

Tid til at lave mad: 10 minutter

Portioner: 4

Sværhedsgrad: let

Ingredienser:

- 2 fuldkornstærter
- 2 spsk olivenolie, delt
- 2 fed hvidløg, hakket
- ¼ teskefuld salt
- ½ kop artiskokhjerter på dåse, skåret i skiver
- ¼ kop Kalamata oliven
- ¼ kop revet parmesanost
- ¼ kop smuldret feta
- Frisk hakket persille, til pynt (valgfrit)

Instruktioner:

Forvarm frituregryden til 380°F. Pensl hver tærte med 1 spsk olivenolie, og drys derefter hakket hvidløg og salt ovenpå.

Fordel artiskokhjerter, oliven og ost jævnt mellem de to tærter og læg begge i frituregryden for at bage i 10 minutter. Fjern pitaerne og skær dem i 4 stykker inden servering. Drys eventuelt persille på toppen.

Næringsværdi (pr. 100g): 243 kalorier 15 g fedt 10 g kulhydrater 7 g protein 644 mg natrium

Mini krabbekager

Forberedelsestid: 10 minutter

Tid til at lave mad: 10 minutter

Portioner: 6

Sværhedsgrad: gennemsnitlig

Ingredienser:

- 8 ounce krabbekød
- 2 spsk rød peber i tern
- 1 forårsløg, hvid og grøn del, i tern
- 1 fed hvidløg, hakket
- 1 spsk kapers, stødt
- 1 spsk fedtfattig græsk yoghurt
- 1 æg, pisket
- ¼ kop fuldkornsbrødkrummer
- ¼ teskefuld salt
- 1 spsk olivenolie
- 1 citron, skåret i skiver

Instruktioner:

Forvarm frituregryden til 360°F. Bland krabber, peberfrugt, spidskål, hvidløg og kapers i en mellemstor skål, indtil de er kombineret. Tilsæt yoghurt og æg. Bland indtil kombineret. Rør brødkrummer og salt i.

Del blandingen i 6 lige store dele og rul til bøffer. Læg krabbekagerne i friturekurven i et enkelt lag, hver for sig. Pensl toppen af hver patty med lidt olivenolie. Bages i 10 minutter.

Tag krabbekagerne ud af frituregryden og server med citronbåde ved siden af.

Næringsværdi (pr. 100g): 87 kalorier 4 g fedt 6 g kulhydrater 9 g protein 574 mg natrium

Zucchini feta ruller

Forberedelsestid: 10 minutter

Tid til at lave mad: 10 minutter

Portioner: 6

Sværhedsgrad: gennemsnitlig

Ingredienser:

- ½ kop feta
- 1 fed hvidløg, hakket
- 2 spsk frisk basilikum, hakket
- 1 spsk kapers, stødt
- 1/8 tsk salt
- 1/8 tsk rød peberflager
- 1 spiseskefuld citronsaft
- 2 mellemstore zucchini
- 12 tandstikkere

Instruktioner:

Forvarm frituregryden til 360°F. (Hvis du bruger en grilltilbehør, skal du sørge for, at den er inde i frituregryden under forvarmningen.) Kombiner feta, hvidløg, basilikum, kapers, salt, rød peberflager og citronsaft i en lille skål.

Skær squashen i 1/8-tommers strimler på langs. (Hver squash skal give ca. 6 strimler.) Fordel 1 spsk af ostefyldet på hver skive squash, rul derefter sammen og fastgør med en tandstik gennem midten.

Læg zucchinirullerne i friturekurven i et enkelt lag, hver for sig. Bag eller grill i frituregryden i 10 minutter. Fjern zucchinirullerne fra frituregryden og fjern forsigtigt tandstikkerne inden servering.

Næringsværdi (pr. 100g): 46 kalorier 3 g fedt 6 g kulhydrater 3 g protein 710 mg natrium

www.ingramcontent.com/pod-product-compliance
Lightning Source LLC
Chambersburg PA
CBHW071833110526
44591CB00011B/1308